길 위에서 아버지를 만나다

박 도

BF북스
BARRIER FREE BOOKS

머리글 ‖ 아버지는 백 사람의 스승보다 낫다

_딸 아들, 그리고 이 땅의 젊은이들에게

"아버지는 백 사람의 스승보다 낫다"고 한다. 이는 자녀에 관한 한 아버지만한 사람이 없다는 말이다. 사람은 밥만으로 살 수 없다고 했는데, 그동안 나는 무슨 일이 그리도 바빴는지 너희에게 밥만 갖다 주는 아버지에 지나지 않았다. 자식은 밥도 먹고 부모의 말씀도 들어야 몸과 마음이 바로 자랄 텐데 말이다. 뒤늦게나마 너희에게 들려줄 얘기를 쓰고자 내 지난 삶을 돌이켜 보니 보잘것없는 삶이라 과연 '글로 남길 가치가 있을까'라는 회의가 들기도 했다. 하지만 관념적인 얘기는 공허하게 들릴 것 같아서 가능한 내가 체험한 세상사는 이야기를 썼다. 그래서 별 것도 아닌 내 지난 삶의 일들이 너무 많이 드러난 듯하다. 그렇지만 한편으로는 성공한 인생의 이야기만이 값어치가 있는 건 아니고 오히려 인생에 실패한 이야기, 역경을 헤쳐 나온 이야기, 늘그막에도 꿈을 가지고 사는 이야기, 보통 사람들의 예사로운 이야기도 새겨들으면 그 나름대로 인생 공부가 될 수 있다는 신념으로 이 글을 썼다.

집안이 잘 되려면 자식이 부모보다 나아야 되고, 나라가 융성하려면 자라나는 세대가 구세대보다 나아야 한다. 나는 이 글 처음부터 끝까지 이런 신념으로 썼다. 어차피 다음 세상은 너희 것이다. 너희의 예리한 눈으로 볼 때 아버지를 비롯한 기성세대의 삶이 못마땅하고 모순덩어리로 비칠 수도 있다. 그래서 "나는 아빠처럼 안 살 거야"라고 말한다는 것도 잘 알고 있다. 나도 처음 너희에게 그 얘기를 들었을 때는 무척 섭섭했으나 곧 그것이 인류 문화발전의 원동력이 되었다는 사실을 깨닫고 긍정으로 이해하였다. 아버지 세대를 건전하게 비판은 하되 부정하지는 말아라. 너희가 나뭇잎이나 열매라면 아버지, 어머니는 그 줄기요 뿌리가 된다. 줄기나 뿌리에 흠이 있다고 그 줄기나 뿌리를 잘라 버리면 너조차 살 수가 없게 된단다.

현명한 젊은이는 곧 내 세상이 될 내일을 위해 부

족한 실력을 기른다. 또 부모들의 삶에서 교훈을 얻어 시행착오를 거듭하지 않으려고 노력한다. 그것이 똑똑하고 바른 자식의 태도이다. 부모를 원망하고 기성세대를 부정하는데 아까운 젊은 세월을 다 보내다가 아무 대비도 하지 않고 불쑥 어른이 되면 너희는 다시 다음 세대로부터 비난받는 악순환이 계속될 것이다.

나는 이 글을 너희 남매에게 주는 글의 형식을 빌려 썼지만 모든 젊은이들을 대상으로 삼았다. 너희는 아버지가 있어서 다행이지만, 젊은이 가운데에는 이미 아버지가 돌아가신 친구도 있고, 멀리 계시기에, 또는 이런저런 사정으로 '아버지의 목소리'를 들을 수 없는 친구도 숱하게 많다. 나는 너희 남매의 아버지이기도 하지만 평생 이 땅의 교육자로 살았다. 나는 너희 못지않게 우리나라의 모든 젊은이도 사랑한다. 그들에게 나의 얘기가 다정한 '아버지의 목소리'로 들려서 세상을 살아가는데 한두 마디라도 깨우치고 배운 바가 있기를 바란다. 아버지가 자식에게 주는 마음의 양식을 어찌 아무것이나 줄 수 있겠느냐. 이 책에 실린 모든 글들은 아버지로서 심사숙고하여 고르고 골라 최선을 다해 마련한 것이다.

이 글을 쓰면서 가장 괴로웠고 글이 잘 쓰이지 않았던 점은, 나는 여태 실천 못했으면서도 너희에게 당부할 때였다. 혹 읽으면서 눈에 거슬린 부분이 있다면, 너희는 아비보다 나은 자식이 되라는 아버지의 애정으로, 한 훈장의 간청으로 이해해 다오. 너희에게 들려줄 이야기를 다 쓰고 나자 지금 나는 마치 실을 다 뽑은 누에처럼 탈진한 상태다. 하지만 간곡히 한 마디만 거듭 덧붙이겠다.

딸아, 아들아, 내일을 준비하는 젊은이가 되라. 어차피 다음 세상은 너희 것이다. 너희 아버지, 어머니는 어느 날 갑자기, 또는 서서히 이 세상을 떠난다. 그때를 대비하라. 현명한 목장 주인은 햇볕이 있을 때 건초를 마련한다.

이 책은 2003년 《아버지의 목소리》를 다시 다듬고, 보태고, 기워서 새 단장으로 세상에 내보낸다. 그동안 이 책에 생명력을 불어넣어주고 성원해준 독자들에게 고마움을 전한다. 나는 이제까지 스무 권이 넘는 책을 펴냈다. 지은이는 그때마다 매번 최선을 다해 썼지만 특히 이 책은 온갖 정성을 쏟아 썼다. 바로 내 아이들과 제자, 그리고 이 나라 젊은 세대들에게 쓴 글이기 때문이었다. 이즈음 우리 사회에 '아버지의 목소리'가 점차 잦아지고 있다. 자녀교육 면에서 볼 때 이는 매우 안타까운 일이다.

이 책《길 위에서 아버지를 만나다》가 메아리쳐 우리 아이들이 더욱 건강하고 슬기롭고 씩씩하게 자랐으면 좋겠다. 나의 거친 글에도 추천의 글과 발문을 써 주신 고은 선생님, 고 이오덕 선생님께 심심한 감사의 말씀을 올린다. 이오덕 선생에게 발문을 받은 지가 엊그제 같은데 그새 세상을 뜨신지 여러 해가 지났다. 그분은 젊은 세대를 끔찍이 사랑하셨고, 이 세상을 떠나실 때 마지막 여비도 마다하셨던 인품이 매우 높고 깨끗한 분이셨다. 이 책을 다시 펴냈다는 소식을 아시면 저승에서도 매우 기뻐하실 것이다. 이 책을 예쁘게 엮어 준 말글빛냄출판사 가족들에게도 뿌듯한 보람을 느끼기를 빈다.

2009년 봄

강원도 안흥산골 '박도글방'에서

박도

추천의 말 ‖ **사람이 되라는 간절한 이야기**

내가 박도 씨를 알게 된 때는 지난 1980년대 끄트머리쯤이었던 성싶다. 그이는 장편소설 《사람은 누군가를 그리며 산다》와 산문집도 여러 권을 낸 문사였고, 내가 참여하고 있는 한국작가회의 회원이기도 하였다. 뭐랄까, 아주 오래된 항아리 속의 진한 간장 맛을 느끼게 하는 것은 훨씬 뒤의 일이고, 이에 앞서서는 진한 간장이라기보다는 내설악 들머리 용대리쯤에 서 있던 1960년대 후반쯤의 솟대의 그 쓸쓸함도 떠올리게 만드는 그 적요한 교양에의 인상이 두드러져 있었다. 그런 박도 씨가 아주 오랫동안 이 나라 청소년을 가르쳐온 스승의 길을 천직으로 삼아 마치 그 자신이 청소년이기라도 한 것처럼 그들의 숨결과 실상 가운데서 세월을 누렸으니 그 수고 많은 자취가 무궁한 줄을 알아야겠다.

하지만 그이는 좀처럼 입을 달싹거리지 않는 과묵한 사람인 줄도 알아야 하거니와 문인들의 수련회 같은 데서도 다른 사람이 다 말한 뒤에나 몇 마디의 의견을 개진하는 것이다. 요컨대 그이는 개결介潔 그 자체다. 이런 박도 씨이건만 그가 마음먹고 나서 서술하기 시작한 체험적 인생론으로 쓴 이번 산문집은 과연 스승의 길과 공부의 길에서 그가 몸소 만난 청소년들에게 전하는 많은 의미를 꽃피우고 있는 것이다.

'사랑하는 딸과 아들에게 보내는 아버지의 선물'이라는 이 책의 부제에서 알 수 있듯 그이는 스승이라기보다 아버지가 되어 다음 세대 사람들에게 '사람'이 되기를 간절하게 이야기하고 있다. 그리고 '딸 아들'에서 보듯이 그이는 오랜 여자 낮추기를 물리치고자 하는 후천 시대 의식이 강하거니와 이런 일 하나에도 그이는 깊은 생각이 미치고 있는 것을 알겠다. 그리하여 다음 세상을 맡을 청소년을 무턱대고 이끌거나 가르치지 않고, 그들의 친구가 되어 밤새도록 들려주는 그 수평적 진실이 바로 이 책의 의도인 것 같다.

이 책 안에는 동서고금의 자취가 여실하기도 하지

만 무엇보다 이 글을 쓴 사람의 체취가 푸르러서 좋았다.

고　은(시인)

차례

1
아버지의 등불

아버지의 등불

초소에서 바라본 등불

아버지의 등불은 어두운 밤길을 걸어가는 자식의 앞길을 비춰주는 사랑의 등불로, 생사를 모르는 자식을 무작정 기다리는 희망의 등불로 험한 세상을 밝혀주고 있다. 이 세상에서 아버지가 켜 두신 등불이 꺼지지 않는 한 인류의 앞날은 밝을 것이다.

내가 군에 있었을 때 일이다. 나는 1969년부터 1971년까지 전방 서부전선에서 복무했다. 그 무렵은 1·21 사태 직후라 군사훈련을 몹시 고달프게 받았고, 부대 근무도 늘 긴장 속에서 보냈다. 1·21 사태 때 생포된 북한 124부대 무장 게릴라 김신조의 진술에 따르면, 그들은 모래주머니를 차고 훈련받았고, 완전 군장을 하고서도 매 시간 10킬로미터 이상을 행군했다고 하여, 우리 쪽의 훈련도 매우 강화되었다.

그래서 우리 초임 장교들은 광주 보병학교에서 기초 교육을 받던 16주 동안 정강이에 늘 모래주머니를 달고 다녔다. 그 뒤 실무 부대에 배치되고서도 매주 한 차례씩 완전 군장으로 20킬로미터 행군을 했다.

내가 근무했던 부대는 주 임무가 경계 근무로 주야간 간첩이나 무장 공비 예상 침투로를 지켰다. 특히 주간보다 야간 경계 근무에 더 신경을 곤두세웠는데, 간첩이나 무장 공비가 주로 야간에 활동하고 이동하기 때문이었다. 그래서 우리 부대의 하루 일과는 주간에는 경계 근무자와 행정 요원을 제외하고는 간단한 교육 훈련과 낮잠으로 보냈고, 저녁 식사를 마친 다음에는 대부분 부대 병력들이 야간 위장을 하고 간첩 및 무장 공비들의 주요 예상 침투로인 잠복 초소로 투입돼 밤을 꼬박 새우면서 경계 근무를 섰다.

어느 날, 나는 휴전선이 가까운 전방 어느 마을 들머리 고갯마루 초소에서 경계 근무를 서고 있는데 먼 곳에서 불빛이 반짝거렸다. 그 불빛은 점차 고갯마루 초소를 향해 다가왔다. 그것은 마을 사람이 손에 든 등불이었다. 그 무렵 전방에서는 민간인들이

야간 통행 때는 반드시 등불이나 플래시를 들고 다니게 홍보됐기 때문이다. 하지만 경계 근무자로서 아무리 마을사람이라도 경계를 게을리 할 수는 없었다. 간첩이나 무장 공비가 불을 켜고 다닐리야 없을 테지만, 만에 하나 역으로 허를 찔릴 수도, 또 상급 순찰자일 수도 있었기 때문이다. 초소에 가까이 다가온 이가 뜻밖에도 일흔은 넘은 할아버지였다.

"할아버지, 이 밤중에 어딜 가세요?"

"군인 양반들 수고가 많아. 그냥 여기까지 왔어. 문산에 간 자식 놈이 여태 오질 않기에…."

"네, 그러세요. 할아버지 밤길에 조심하세요."

"고맙소. 이 길은 원체 발에 익은 길이라서."

마침 나도 심심하던 터라 초소 밖으로 나와 할아버지와 이런저런 얘기를 나눴다. 주로 마을의 내력과 한국전쟁 때 얘기들이었다. 한 십여 분 지났을 무렵 반대편 고갯길에서 플래시 불빛이 보이고 인기척이 들렸다.

"아비냐?"

꽤 떨어진 거리였건만 할아버지는 육감으로 당신 아들임을 알아차렸다.

"네, 아버님. 주무시지 뭐 하러 나오셨어요."

아들이 잰걸음으로 성큼 다가왔다. 내 예상과는 달리 아들은 쉰은 된 듯했다.

“잠도 오질 않고 바람도 쐴 겸 나왔다. 왜 이렇게 늦었냐?”

“친구들과 놀다가 보니까 차가 끊어져 그냥 쉬엄쉬엄 걸어 왔어요.”

그들 부자는 곧장 초소를 떠났다. 아버지가 앞서고 아들이 뒤따랐다.

“군인 양반들 수고하시오.”

“네, 살펴 가십시오.”

나는 다시 초소로 들어가서 총구를 통해 그들 부자 등불이 사라질 때까지 뒷모습을 지켜보았다. 벌써 사십 년 전의 일이건만 아직도 그 선연한 아버지의 등불과 그들 부자 모습이 내 머릿속에 아름답게 남아 있다.

텅 빈 플랫폼의 등불

또 다른 아버지의 등불에 얽힌 일화는 민들레 교회 최완택 목사님의 《아름다운 순간》에 실린 글로 저자의 양해를 받아 일부만 옮겨본다.

우리 집 쪽마루 끝기둥에는 늘 등불이 걸려 있었다. 매일 밤늦게 집으로 돌아오는 내게는 그 등불이 푯대였다. 하기야 그 등불이 없다고 해서 내가 우리 집을 못 찾을 리는 없었다. 그러나 나는 그 등불이 큰 위안이었다. 학교에서 집으로 돌아오는 길, 눈 쌓인 수복 지구의 싸늘한 겨울밤에 기차에서 역사(驛舍, 역으로 쓰는 건물)도 없는 들판 한가운데에 있는 간이역에 내리면, 으레 볼을 저미는 듯한 매운 된바람이 몰아쳤다. 그때마다 저 멀리 산중턱에서 깜박거리며 비치는 등불이 내 눈에 들어왔다.

눈보라가 몹시 치는 날이면 간혹 산중턱에서 보여야 할 그 등불이 보이지 않았다. 그럴 때면 나는 괜히 불안해지곤 했는데 그 불안감도 잠시뿐, 나는 이내 그 등불을 플랫폼 한 구석에서 찾아내곤 했다. 우리 집 쪽마루 끝에 걸린 등불이 간이역까지 내려온 것이었다.

1958년 겨울, 나는 15세의 고교 일년생이었다. 나는 그때 수복 지구인 경기도 연천군 상리에서 서울까지 장장 200여 리 길을 기차로 통학했다. 나이가 마흔이 넘어서 뒤늦게 목회를 시작하신 아버지는 연천군 상리 교회의 가난한 전도사였다. 목사관이라고 한 채 있는 것이 지붕은 천막 조각과 루핑 따위로 엉성하게 덮었고, 벽 여기저기엔 판자 조각과 가마니를 덕지덕지 덧붙인 방 두 칸에 부엌 한 칸의 초라한 판잣집이었다. 방 앞에는 폭이 한 뼘 조금 넘는 쪽마루가 붙어 있었는데, 그 쪽마루 앞에는 군데군데 아카시아 나뭇가지를 다듬어 세워 놓은 기둥이 몇 개 서 있었다. 판잣집을 지탱하는 기둥이었다.

가난한 나의 아버지는 날마다 9시가 넘어서야 지쳐서 돌아오는 아들을 위하여 그 등불을 밝혀 쪽마루 끝기둥에 걸어 놓곤 하셨다. 그러다가 날씨가 궂은 날엔 으레 그 등불을 손수 들고 역에 나와서 나를 기다려 주셨다.

"이봐, 학생! 다 왔어요. 빨리 내려요."

누군가가 나를 흔들어 깨웠다. 눈을 떠보니 등불을 든 역부였다. 기차 안을 둘러보니 승객은 한 사람도 없었다. 그 순간 '아차!' 싶었다. 내가 내려야 할 정거장을 그만 지나쳐 버리고 만 것이다. 날마다 새벽 네 시 반에 집을 나와 세 시간쯤 기차를 타고 청량

리역에 내려 신설동에 있는 대광고등학교까지 2킬로미터 남짓한 거리를 뛰다시피 등교하고는, 오후 다섯 시쯤에 다시 역순으로 하교했는데, 날마다 밤 9시나 돼서야 집에 돌아오는 고달픈 나날이었다. 그날은 객차 안이 만원이라 꼬박 서서 가다가 상리역을 삼십 리쯤 앞둔 전곡역에 이르러서야 겨우 자리에 앉을 수 있었다. 그날 나는 너무 고단한 나머지 그만 깜박 잠이 들고 말았다.

객차에서 내리자 가을비가 질척질척 을씨년스럽게 내렸다. 상리로 돌아가는 기차도 끊어져 어쩔 수 없이 걸어 되돌아올 수밖에 없었다. 수복 직후라 전방 지대의 밤길은 참 무서웠다. 20여 리를 뛰다가 걷다가 어떻게 상리까지 왔는지 모르겠다.

국도에서 집으로 가는 샛길로 들어섰다가, 지금 생각해도 그날 왜 그랬는지 모르겠는데, 내 발길은 어느새 정거장 쪽으로 옮겨지고 있었다. 그런데 아, 텅 빈 플랫폼에서 나는 낯익은 등불을 보았다. 아버지가 등불을 들고 하염없이 서 계셨다. 기차가 지나간 지가 이미 두 시간이나 지났고, 그 기차가 막차라 다시 올 기차도 없는데.

"깜박 졸았나 보구나. 내 그럴 줄 알고 예서 꼬박

기다렸다."

아버지는 더 이상 말씀 없이 내 앞길을 비춰 주시며 성큼성큼 앞서 가셨다.

그 아버지는 10여 년 전에 당신의 본향으로 돌아가시고 지금 이 땅에는 안 계신다. 하지만 아버지의 등불은 꺼지지 않고 여전히 살아서 밤마다 내 영혼의 뜰을 밝혀 주고 있다. 오로지 한 사람을 위하여 자기의 등불을 내건다는 것, 위로를 받아야만 하는 단 한 사람을 위하여 당신의 등불을 들고 찾아 나선다는 것, 그것만이 유일한 길이라고 아버지는 지금도 나에게 말씀하시고 계신다. 지금은 이 세상을 떠나고 없는 아버지는 등불 하나로 남아서 내 영혼의 뜰을 비춰 주심으로써 때때로 나를 울린다.

아들을 기다리는 아버지의 등불

어린 시절, 내 또래 친구 가운데에는 아버지가 없는 아이들이 더러 있었다. 그들 가운데에는 한국전쟁으로 전사한 아버지도 있었지만, 어떤 친구는 자기 아버지는 일본이나 만주에 있다고 했다. 많은 세월이 지난 뒤에야 알게 됐지만, 그런 아버지들은 대부분 자의나 타의로 북한 공산정권에 부역했다가 그 보복이 두려워 후퇴하는 인민군을 따라 월북했거나, 어디서 전사했을 지도 알 수 없는 행방불명이 된 사람들이었다. 그런 얘기는 내놓고 할 수 없었던 시절이라 아버지를 찾는 아이에게 어른들은 네 아버지는 일본에 있다, 또는 만주에 있다고 둘러댔다. 그 무렵 사회 분위기로서는 공산주의나 사회주의에 가담한 사람이라면 인간 백정이나 머리에 뿔이 달린 흡혈귀로 여겨졌으니 어린아이에게 곧이곧대로 얘기할 수도 없었을 것이다. 내 고향 어떤 이는 한국전쟁 무렵 처음은 의용군으로 참전했다가 후퇴 길에 집에 도망하여 짚단 속에서 숨어 지내다가 붙잡혀 다시 국군으로 입대한 뒤 제대한 분도 있었으니, 동족상잔의 전쟁이 만들어 낸 웃지 못 할 사연은 숱하게 많았다.

또 어떤 이는 자식들이 남과 북, 양편으로 나뉘어 싸우다가 전사하거나 장애자가 된 일도 있으니, 부모는 어느 자식 편을 들어야 할지, 그저 하늘만 쳐다보며 시절을 원망할 뿐이었다. 어리석은 백성들은 시대 분위기에 따라, 총칼 앞에 이리 휩쓸리고 저리 휩쓸렸다.

우리 집 이웃에 목수인 김 영감이 있었다. 그분 맏아들이 한국전쟁 때 부역을 하다가 유엔군이 대 반격을 하자 행방불명이 됐다. 어떤 마을 사람들은 북으로 넘어갔을 거라고도 했고, 다른 이는 후퇴하던 가운데에 B-29 제트기의 융단 폭격에 죽었을 거라고도 했다. 하지만 아들 시신을 보지 못한 김 영감은 아들의 죽음을 쉽게 인정치 않았다. 휴전이 된 뒤에도 날이면 날마다 아들이 돌아오기를 기다리며 살았다. 낮보다는 밤에 더 기다렸다. 그래서인지는 몰라도 그 집 대청 기둥에는 밤이면 늘 등불이 켜져 있었다.

그렇게 기다리기를 수십 년, 그 아들은 끝내 돌아오지 않았다. 그래도 김 영감은 포기하지 않았다. 제발 아들이 살아서 당신 생전에 다시 만나는 걸 삶의 최대 목표로 삼았다. 소문에 따르면 김 영감은 당신 아들이 제발 살아서 간첩으로라도 내려오길 바란다고 했다. 그러면 아들을 꼭 붙들어 관계 당국에 자수시켜서 죗값을 치르게 한 뒤 함께 살고자 했다. 그 아들이 간첩으로 내려온다면 환한 대낮에 올 리가 없을 테니, 한밤중에도 집을 쉽게 찾을 수 있게 밤마다 등불을 밝혀 두었던 것이다.

그렇게 아들을 기다리기 50여 년, 그동안 밤낮으로자나 깨나 아들을 기다리던 마나님, 남편을 기다리던 며느리는 그리움이 병이 되어 먼저 이승을 떠났다. 그 뒤 김 영감은 손자 손부와 함께 살며 오직 아들을 만날 그날을 학수고대하며 살았다. 오래 전 내가 고향에 갔을 때도 김 영감은 옛 집터에 새 집을 짓고 아흔의 고령임에도 건강하셨다. 손자의 말을 들어보니 그 즈음도 식사를 잘하시고 이따금 당신의 건강을 위해 금오산에 올라 약초와 산채를 손수 뜯어다가 드신다고 했다. 당신만은 아들을 꼭 만나야 눈을 감을 수 있다는 집념으로 강인한 삶을 사셨나 보다. 지난 해 서울에 온 김 영감 손자를 만났더니 몇 달 전에 돌아가셨다고 했다. 진작 할아버지가 남긴 유언은 집은 새로 짓거나 고쳐 살더라도 이사는 가지 말 것, 또 문패는 항상 크게 달아 둘 것, 그리고 전기료가 들더라도 밤에는 꼭 외등을 켜 두라고 했다 한다.

자식을 따르는 아버지

자식 기르기 힘든 나라

우리나라 부모처럼 자식 기르기 힘든 나라도 드물 것이다. 우선 자녀 교육비로 부모들은 허리가 휘어진다. 지난날 농촌에서는 자녀의 등록금과 하숙비를 마련하기 위해 문전옥답도 팔고 재산 목록 제1호인 소도 내다 팔았다. 그래서 한때 대학을 '상아탑象牙塔'이란 말 대신에 '우골탑牛骨塔'이라는 냉소적인 말로도 불렸다. 그나마 자녀가 순순히 대학이라도 진학하면 다행이다. 거기에 이르기까지 자녀의 진학 문제로 정신이나 물질의 고통이 이만 저만이 아니다. 다행히 대학에 입학만 시켜주면 돈 문제 외는 모든 게 끝날 줄 알았는데 그게 아니다. 더 큰 걱정거리로 가슴앓이를 앓는다. 자녀들의 현실 참여 문제로 또 한바탕 홍역을 치른다.

학생들은 돌을 던지고
무장 경찰은 최루탄을 쏘아 대고
옥신각신 밀리다가 관악에서도
안암동에서도 신촌에서도 광주에서도
수백 명 학생들이 연행됐다는
소식을 들을 때마다
피 묻은 작업복으로 밤늦게
술 취해 돌아온 너를 보고 애비는
말 못하고 문간에 서서 눈시울만 뜨겁구나.

이 시는 정희성 시인의 〈아버님 말씀〉 앞부분인데 그분도 나처럼 고교 교단을 오래 서셨던 훈장이시다. 이런 심정이야 어디 그분뿐이랴. 오래 전 텔레비전에서 보여준 바, 아들이 '한총련' 전위대로 명동성당에서 단식 투쟁하는 현장에 그 어머니가 찾아가 아들의 손목을 잡고 집에 가자고 끌었다. 하지만 아들은 어머니의 손을 뿌리치고 꿈쩍도 않자, 어머니가 손수건에 얼굴을 묻는 장면이 화면에 비쳤다. 그 어머니는 그 순간 자식이 애물단지로 원수처럼 미웠을지도, 괜히 자식을 대학에 보냈다고 후회했을지도 모르겠다. '무자식이 상팔자'라고 하면서 괜히 자식을 낳았다고 푸념했을지도 모르겠다.

아버지의 하소연

1970년대 말 유신 정권 마지막 무렵, 김천에 사시던 고모부가 사색이 돼 서울에 오셨다. 아들이 영등포 경찰서에 구치돼 있다는 연락을 받고 단숨에 달려왔다고 했다. 물에 빠지면 지푸라기도 잡고 싶은 심정으로 내게 하소연 겸 무슨 방법이 없을까 연락이 왔다. 한 평범한 교사가 무슨 힘이 있으랴. 뾰족한 수도 없었으나 예의로 찾아뵙자 고모부는 얼이 빠진 모습이었다. 이미 경찰서 담당 형사를 만났으나 아들 면회조차도 안 된다고 했다.

아들은 '유신 철폐'를 외치는 유인물을 만들어 영등포 아무개 극장에서 뿌리다가 현장에서 체포되었다. 그 무렵은 야당 당사에서 농성 중인 YH 여성 노동자 170여 명이 강제 해산되고, 야당 총재마저 국회에서 제명하던 긴급 조치가 춤추던 그 시절에, 단순 시위도 아닌 유인물을 만들어 뿌리다가 현장에서 체포된 사건은 엄청난 사건이었다.

우여곡절 끝에 간신히 특별 면회가 허락됐다. 고모부는 내게 동행을 제의하기에 함께 영등포 경찰서 보안과로 갔다. 입회한 경찰은 면회 전에 귀띔하기를, 아버지가 아들을 잘 설득시켜서 반성문을 쓰게 하면 검찰로 송치할 때 정상이 참작된다고 했다. 고모부는 아들이 흰 수의를 입고 포승줄에 꽁꽁 묶여 나오자 금세 얼굴이 백짓장처럼 창백해 졌다. 잠시 뒤 정신을 가다듬은 고모부가 간곡하게 아들을 설득했다. 네 뜻은 그만하면 펼쳤으니 이제는 학업에 정진해라, 내 백부가 일제 강점기 6·10 만세 때 연루되어 옥사로 큰집은 대가 끊어졌다는 얘기를 피울음 섞인 음성으로 하소연했으나 아들은 꿈쩍도 안 했다. 오히려 "저는 큰 할아버님께서 일제 때 옥사하신 걸 영광으로 알고 있습니다"라고 당당히 말해 고모부와 나, 그리고 입회 경찰까지 놀라게 했다. 고모부는 진땀을 뻘뻘 흘리며 아들 앞으로 다가가서 애소하다가 그래도 듣지 않자 "너는 이제부터 내 아들이 아니다"라고 으름장까지 놓았으나 아들은 조금도 제 뜻을 굽히지 않았다. 고모부는 며칠을 아들이 구치된 영등포 경찰서 언저리를 맴돌다가 끝내 아들의 신념을 꺾지 못하고 당신의 생업 때문에 하향하고 말았다. 그 뒤 한 달도 안 돼 10·26 사태가 왔고 그 아들은 그해 연말 특사로 풀려났다.

대체로 아들이 현실 참여로 경찰서나 교도소에 수

감됐다면 부모들은 당신이 큰 대역죄라도 지은 양 안절부절못한다. 담당 경찰관이나 검사에게 굽실거리고, 때로는 뇌물을 갖다 바치면서 용서를 빈다. 또 그들도 부모들에게 "자식 교육 잘 시켜라"고 큰 소리로 나무란다. 내가 지난 1월 하순 용산 경찰서에 면회 갔을 때도 담당 형사가 그랬다.

"선생님 따님이 노동자입니까?"

그는 내 딸이 대학생인 줄 빤히 알면서도 능청스럽게 물었다.

"아닙니다."

"노동자도 아닌 사람이 왜 노동법 반대 집회에는 왜 참가하는 거요."

"……"

"학생은 공부나 해야지. 그 따님 교육 좀 잘 시키세요."

그는 보안과 문을 나서는 내 뒤통수를 향해 뱉었다.

"……"

나는 아무 대꾸도 않고 너를 담담히 만나고 돌아왔다. 네가 사흘의 구류를 마치고 돌아온 뒤, 어느 날 나는 형사가 내게 쏟았던 말로 네게 물었다.

"너는 노동자도 아닌데 그 집회에 왜 갔니?"

"노동자의 힘만으로 사회가 바로 됩니까? 정부 여당이 잘했다면 날치기로 통과된 법을 왜 폐기했겠습니까?"

"……"

솔직히 나는 대꾸할 말이 없었다. 한참 뒤에야 그 형사처럼 원론적인 충고로 아버지의 권위를 잃지 않으려고 안간힘을 썼을 뿐이다.

"학생의 본분은 학업이다"라고.

어느 사형수의 아버지

현실 참여로 수감 중인 딸 아들에게 아버지가 꾸중을 하지 않고 오히려 용기를 주는 드물지만 예외적인 분도 있다.

지금은 진보적인 지식인으로 대학 강단에 서 있는 어느 분의 얘기다. 그분 아버님은 영락한 양반의 후손으로 일제 강점기에 소학교(초등학교)도 못 다닌, 일본말도 한 마디 할 줄 모르는 무식한 농사꾼이었다. 그 아들이 자유당 시절에 대학을 다니면서 그때로서는 금기된 '평화통일'을 외쳐 대다 경찰서와 교도소를 들락거렸다. 그런데도 그분 아버지는 아들에게 단 한 번도 "아, 이놈아, 고생하는 아비 어미 좀 생각해서 평화통일이고 뭐고 다 집어치우고 빨리 졸업하고 취직이나 해라"라고 말씀하신 적이 없었다. 아들이 교도소 생활을 하는 동안에 면회 와서도 늘 "여기가 네 집 건넌방이려니 생각하면서 마음 편히 책이나 읽어"라고 하셨다. 그 아들이 5·16 쿠데타로 또다시 형무소에 가서 사형을 구형 받는 신세가 됐다. 함께 사형 구형을 받은 아들의 친구 어머니와 아버지, 가족들은 온통 울음바다가 됐는데도 그분의 아버지는 태연하게 아무 말씀도 없이 지켜보시면서 "이놈아, 용기 잃지 마. 인명은 재천인 게여"라는 말씀을 눈빛으로 하셨다. 결국 아들이 보안법 위반죄로 3년 6개월의 징역형을 마치고 집으로 돌아오던 날에도 아버지는 "애, 혹 피부병은 걸리지 않았냐? 왜정 때는 피부병으로 고생들 많이 했다던데"라는 말씀만 하셨다. 차라리 아버지가 크게 꾸지람이라도 한번 하셨다면 내 운명은 달라졌을 거라고 그분은 말했다.

자식을 가슴에 묻고 살다

오늘날 우리나라가 이만큼이라도 민주화가 된 것은 젊은 학생들의 희생이 있었기 때문이다. 역사의 고비마다 젊은 영혼을 제물로 바쳤다. 4·19 민주 혁명 때는 김주열이라는 젊은이의 고귀한 죽음이 도화선이 되었고, 유신시절에는 수많은 젊은이가 피를 흘리고 투옥됐다. 5·18 광주 민주화 운동 때도 수백 명의 젊은 학생이 죽어 갔으며, 박종철, 이한열 등의 거룩한 희생으로 6월 항쟁의 도화선이 되어 5공 정권이 무너지고, 6·29로 이어지는 우리나라 민주화의 시발점이 되었다.

'전국민족민주유가족협의회' 공동의장을 맡았던 박정기 씨는 박종철 열사의 아버지다. 그분은 아들이 죽기 전에는 부산시 수도국에 근무했던 평범한 지방 공무원이었다. 1987년 1월 14일, 그때 서울대학교에 재학 중이던 아들이 서울 남영동 치안본부 대공 분실에서 물고문 끝에 숨졌다.

"종철이가 죽은 날 오후에 웬 사람들이 사무실로 찾아와 서울로 가자고 했어요. 마음 크게 먹으라는 말에 아들한테 무슨 일이 생겼구나 싶었지요. 이틀

날 남영동에 도착해보니 경찰 간부들이 조사 과정에서 종철이가 숨졌다고 하더군요."

아버지는 아들의 뼛가루를 진눈깨비 흩날리는 임진강에 뿌리며 "종철아, 잘 가그래이. 아버지는 할 말이 없대이"라고 한 말은 그 시대의 아픔을 고스란히 전해 주고 있다. 그 뒤 그분은 평범한 삶에서 아들의 유업을 잇고자 민주화 운동에 뛰어들었다. 아들의 죽음이 아버지의 인생길을 바꿔 놓은 셈이다.

몇 해 전 나는 서울대 도서관 옆에 세워진 아들의 추모비 앞에서 박정기 씨를 만나 뵈었더니 "나는 행복한 사람이라고 생각해요"라는 뜻밖에 말씀을 했다.

"사람은 한번 죽는데, 이름도 남기지 못하고 죽어간 사람이 얼마나 많나요. 종철이는 죽었지만 그를 기억하는 이가 많으니 복이요, 그 복으로 내가 더 많은 자식을 얻었으니, 그 놈이 애비에게 잔뜩 복을 안겨주고 간 거지요. 여태 자식의 시신도 못 찾은 이도 얼마나 많은데…."

"아들 때문에 아버지의 인생길이 바뀐 셈입니다. 아들을 원망해 보지 않았습니까?"

"아니에요. 대학 입학 후 경찰서에 드나든다는 걸

알고서는 그 당시 대학생들 대부분이 그랬던 것처럼 통과의례인 줄로만 알았습니다. 사실 나는 지방 공무원이었고, 정치에는 별로 관심도 없이 평생을 살아왔습니다. 내 소원은 퇴직한 다음 목욕탕 주인으로 손자들 재롱 속에 내 인생을 마치고 싶었습니다. 그런데 막상 아들을 잃고 내 눈이 떠졌습니다. 종철이가 죽고 난 뒤 곧 정년퇴임하게 되었고, 그 뒤 유가협에 참석하게 되었어요. 여기 와서 세상 돌아가는 걸 보니까 내 아들이 그렇게 될 수밖에 없었다는 걸 알게 되었습니다. 몇 해 전, 강경대군 사건 때는 재판 방청 중에 법정 소란으로 석 달 남짓 교도소 생활도 했지요. 이 모두가 아들 때문이지만 한 번도 그 놈을 원망해 보지는 않았어요. 오히려 그 놈이 내 눈을 띄워준 효자지요. 부모는 자식을 가슴에 묻고 산다는 데 죽는 날까지 내 힘자라는 데까지 지가 바라던 세상이 오도록 투쟁의 대열에 앞장 설 겁니다."

"아들이 바라던 세상은 어떤 세상이라고 생각하십니까?"

"'자주', '민주', '통일' 이 세 가지입니다. 사실 해방 후 모든 문제는 조국 분단에서 시작했습니다. 이 분단 문제 해결이 사회 갈등의 시작이요, 끝입니다."

어버이는 자식을 가슴에 묻고 산다고 한다. 천금보다 더 귀한 아들을 잃고 얼마나 억장이 무너졌으면 당신의 삶조차 바꿔 놓았을까? 어디 자식을 가슴에 묻고 사는 분이 그분뿐이랴.

반갑고 서럽구나
평생을 발붙이고 살아온 터전에서
아들아 너를 보고 편하게 살라 하면
도둑놈이 되라는 말이 되고
너더러 정직하게 살라 하면
애비같이 구차하게 살라는 말이 되는
이 땅의 논리가 무서워서
애비는 입을 다물었다마는
이렇게 사는 애비 친구들도
평생을 살붙이고 살아온 늙은 네 에미까지도
이젠 이 애비의 무능한 경제를
대놓고 비웃을 줄 알고 더 이상
내 말에 귀를 기울이지 않는구나

_정희성 〈아버님 말씀〉 중에서

아버지의 뒷모습

가난한 사람 편이었던 아버지

"아비만한 자식 없다"는 속담이 있다. 아버지에 대한 자식의 효성이 아무리 지극하다 해도 아버지의 자식 사랑에는 미치지 못한다는 뜻이다. 어릴 때는 대체로 아버지의 사랑을 잘 모른다. 때로는 남의 아버지보다 못한 자신의 아버지가 원망스럽게 느껴지기도 한다. 그러다가 자신이 어른이 되어 결혼하고 자식을 낳아 길러본 뒤에야 어렴풋이 아버지의 사랑을 깨닫게 되고, 아버지가 끝내 세상을 떠난 다음에야 비로소 아버지의 참사랑을 속속들이 느끼는 게 우리네 어리석은 인생사다. 나도 그랬다. 그래서 예로부터 '청개구리의 우화'가 두고두고 전해져 오는가 보다. 아버지를 여의면 그 자식을 일러 고자孤子라 한다. 곧 '외로운 자식'이란 뜻이다. 이 세상에서 참으로 자식 편에 서서 자식의 앞날을 생각해주는 사람은 아버지 이상 없기 때문이다.

5·16 쿠데타 이후 아버지는 서울에서 더 이상 활동할 수 없게 되자 당신의 본거지였던 부산으로 다시 내려갔다. 부산 아미동 산동네에다 거처를 마련한 뒤 나만 홀로 서울에 남겨두고 어머니와 동생도 불러들였다. 아버지가 시작한 사업은 화물꼬리표와 과수용 배 봉지를 만들어 대한통운과 울산 등지의 조합에 납품하는 일이었다. 아버지는 부산 시내 종이재단소를 두루 다니면서 자투리 크라프트 종이를 모았다. 그 자투리 종이에다 인쇄를 하고 물감을 들인 뒤 구멍을 뚫어 철사를 꿰면 화물꼬리표가 되었다. 배 봉지는 고물상들이 수집해오거나 외국에서 수입해온 신문지를 사다가 재단한 뒤 풀칠을 하여 만들었다. 일감이 없을 때는 다른 봉투도 만들어 국제시장 봉투가게에 납품하기도 했다.

일감이 적을 때는 우리 가족들로 충분했지만 점차 일감이 많아지자 아미동 산동네 사람들에게 일거리를 나누어주었다. 산동네 사람들은 반찬값이나 연탄값을 벌기 위해 우리 집에서 일감을 가져다가 꼬리표나 봉지를 만들었다. 아버지는 그들에게 매우 후했다. 당신은 업자들로부터 제때 돈을 받지 못해도 그들의 품삯만은 급전을 내서라도 제 날짜에 어김없이 지불했다. 내가 곁에서 지켜본 아버지는 주머니에 돈을 두고 그냥 돌려보내는 일이 결코 없었다. 한번은 내가 집에 내려가자마자 내 지갑의 돈마저 털어 주기에 불평을 터트렸다. 그런 나에게 아버지는 말씀하셨다.

"양식이 떨어져서 그런 모양이다. 몇 푼 벌려고 온 식구가 며칠 동안 잠도 제대로 못 잤을 거다."

대학 3학년 여름방학 때, 학군단 병영훈련을 마치고 집에 갔더니 아버지가 마침 국제시장 봉투도매상에 수금하러 가는 길이었다. 그런데 아버지는 나에게 굳이 동행하자고 했다. 아마 돈 거래가 몹시 질긴 곳이라 아들 등록금 때문이라고 하면 수금이 쉽지 않을까 하는 헤아림 때문이었을 것이다. 아버지는 나더러 도매상 주인에게 인사를 하라고 일렀다. 나는 아버지가 시키는 대로 그분에게 공손히 인사를 올렸는데 표정이 예사롭지 않았다. 곧 그분은 선반에서 봉투뭉치를 꺼내더니 풀칠도 제대로 안 된 물건을 납품하고서 돈 받으러 왔다고 아버지를 몹시 나무랐다. 그러고는 당장 가지고 가서 풀칠을 다시 해오라고 봉투 뭉치를 내던지면서 대단히 모욕적인 말을 했다. 나는 더 이상 참을 수 없어 벌떡 일어났다. 그 낌새를 눈치챈 아버지가 얼른 봉투 뭉치를 들고 내 앞을 막으며 빨리 집으로 가자고 했다. 아버지와 나는 봉투 뭉치를 나누어 들고 고개를 숙인 채 말없이 집으로 돌아왔다. 나는 울화가 치밀어 아버지에게 항변했다.

"그런 모욕을 당하고서도 왜 아무 대꾸도 못하시고 그냥 돌아오십니까?"

"그 가게가 내 오랜 단골 거래처이고, 어쨌든 제품에 흠이 있는 것은 내 잘못 아니니? 너도 살아보아라. 이보다 더 험한 일도 많다."

나는 풀이 죽은 아버지의 뒷모습을 보자 눈시울이 얼얼해졌다. 어린 시절 그렇게 커보였고 당당했던 아버지의 모습이 너무나 초라해보였기 때문이다.

해직 교사였던 아버지

어렸을 때 할아버지 할머니 품에서 자란 내가 이따금 뵙는 아버지는 경외의 대상이었다. 일제 강점기에 아버지는 구미보통학교를 졸업한 후, 일본으로 건너가 신문배달과 낫토(삶은 콩을 발효시켜 만든 일본 전통음식으로 한국의 청국장 비슷한 발효식품) 장수를 하며 중학교를 다녔다. 그렇게 어려운 환경이었지만 일본 학생들을 물리치고 반장을 줄곧 할 정도로 명석하고 활발한 성격의 소유자였다. 아버지가 중학교 졸업 무렵 여름방학 때 귀국하자 그때는 태평양전쟁 막바지로 학병에 끌려갈까봐 할아버지는 집안의 대부터 잇는다고 서둘러 결혼시켰고, 다음 학기 귀국 때는 할아버지가 도개 누님 댁으로 아예 피신을 시켰다. 하지만 거기서 주재소 주임에게 발각되어 전시에 젊은이가 빈둥빈둥 놀고 지낸다면서 도개보통학교에 임시 교사로 발령을 냈다. 곧 해방이 되자 일본인 교사와 친일 교사는 모두 도망을 갔는데 아버지는 학교를 지켰고, 해방경축대회에서 제자들이 무동을 태워 운동장을 돌았다. 그때 면민들이 열화와 같이 환호했다고 한다.

"그때 내가 학생들에게 대단한 민족의식을 교육한 것은 아니었다. 다만 나는 아이들이 일본말 대신 우리말을 했다고 뺨을 때리지 않았고, 여름날에는 낙동강 모래밭으로 데리고 가서 머리때를 벗겨주고 씨름판을 벌이곤 했을 뿐이다. 하지만 그때 무동을 탄 그 순간이 내 인생에 큰 영향을 주었단다."

그 뒤 모교인 구미초등학교 교사를 지내다가 1946년 10·1 항쟁 때 해직당한 뒤 부산으로 가 사업의 길로 나서 크게 돈을 벌었다. 아버지는 집안뿐 아니라 고향 마을에서 크게 성공한 인물로 많은 사람들의 입에 오르내렸다. 하지만 중년에 모든 재산을 다 날렸다. 어머니마저 비명에 가시자 나는 아버지에게 제가(齊家, 집안을 잘 다스려 바로잡음)를 못했다고 무척 섭섭하게 대했다.

하지만 아버지는 아들을 일방으로 사랑했다. 내가 대학 졸업과 동시에 육군 소위로 임관하자 아버지는 몇 가지를 신신 당부했다. "너와 맞서고 있을 북녘 병사도 한 민족이라는 사실이 가슴이 아프다" "헛된 공명심이나 돈 몇 푼에 눈이 어두워 월남전에 지원하지 말라" "사병들 두들겨 패지 말고, 부대 쌀 도둑질해서 사병들 배 곯리지 말라"고 했다. 군 복무 내내 이 말씀이 머릿속에 맴돌았다.

아버지는 내가 교사가 된 것을 대단히 자랑스러워했다. 교사 초임 시절, 아버지가 서울로 오셔서 하루는 출근길에 따라 나섰다.

"네가 근무하는 학교도 보고 싶고, 교장선생님께 인사를 드리는 게 아비의 도리가 아니겠느냐?"

한번은 학교 안팎이 어수선하여 교사생활을 그만 둘 마음으로 아버지에게 상의를 드렸다.

"그래도 학교 사회가 덜 썩었다. 교사는 모름지기 학생을 보고 사는 거다."

아버지는 당신이 펴지 못한 교육자의 뜻을 아들이 대신 이루어주기를 바랐다. 아버지는 아들에게 편지를 보낼 때 겉봉에 꼭 "박도 선생님 귀하"라고 썼다. 내가 민망스러워 그렇게 쓰지 마시라고 하면 "너는 네 아들이지만 이 나라 2세들의 선생님이다"라고 하면서 교사는 모름지기 모든 사람에게 존경을 받아야 한다고 끝까지 아들의 말을 듣지 않았다.

열렬한 애독자였던 아버지

내가 《비어 있는 자리》라는 첫 작품집을 펴내자 누구보다도 아버지가 가장 좋아하셨다. 아버지는 당신의 머리맡에 아들이 쓴 책을 두고 돋보기를 쓰고는 날마다 반복하여 읽으셨다. 대충대충 넘기지 않고 꼼꼼히 읽으시고는 잘못된 점이나 오자를 찾아 그때마다 전화나 편지로 일러주셨다.

"얘, 네가 이런 걸 어떻게 다 알았니?"

아버지는 아들이 쓴 글에 대해 조목조목 신기해하면서 자식의 성장을 기특히 여기셨다. 어느 날 출판사에 갔더니 이상하게도 부산 서점에서 주문이 가장 많이 온다고 했다. 나중에 알았지만, 아버지가 서점에서 수백 권을 사서 친지들에게 돌렸기 때문이었다.

1980년 신군부가 쿠데타를 일으켜 집권했을 때 아버지는 시국을 비판하다가 보안법 위반으로 2년 4개월을 복역하셨다. 만기 출소 뒤에는 생업을 팽개치신 채 그림에만 몰두하셨다. 돈도 한 푼 되지 않을 그림을 그린다고 언저리 사람들로부터 숱한 핀잔을 받았다. 그때마다 당신은 그림을 그려야만 입을 닫을 수 있고 치솟는 울분을 삭일 수 있다고, 침묵하기 위한 방편으로 그림을 그린다고 말씀하셨다. 아버지가 그리는 화제는 '달마상'이나 '대춘록보待春鹿譜'라 하여 눈보라가 치는 들판에서 사슴이 먼 곳을 바라보는 모습을 그렸다. 사슴은 당신이고, 그 사슴의 눈길이 닿는 곳은 통일의 그날이라고 말씀하시곤 했다.

하지만 나는 불효막심하게도 아버지의 그림에 대해 한 번도 찬사를 보내거나 격려의 말씀을 드린 적이 없었다. 그런데도 아버지는 어느 누구보다 아들을 사랑했고, 아들이 쓴 글이라면 다 좋아하셨다. 아버지는 나의 가장 열렬한 애독자셨다. 서울 아들 집에 오시면 네 글감이 될 거라고 졸음에 겨운 아들을 붙잡고 그동안 살아오신 얘기를 들려주셨다. 하지만 그때 나는 아버지의 말씀을 별반 귀담아 듣지 않고 메모해두지 않았다. 아버지가 돌아가신 지금, 나는 가장 귀한 독자를 잃었고, 가장 생생한 글감을 놓친 셈이다.

아버지가 이따금 오실 때 자식으로서 마땅히 해드려야 할 옷이나 치아를 해드리면 "부모가 효자를 만든다"고 하시면서 아들에 대한 섭섭한 말은 다 빼고 친지들에게 "내 자식은 모두 효자 효녀"라고 자랑했다. 그래서 아버지 친구 분으로부터 "자네는 참 효자네"라는 전화를 받을 때는 더욱 몸 둘 바를 몰랐다.

나라님도 수신제가(修身齊家, 자신을 닦고 집안을 다스림)가 힘들고, 나 자신도 호주가 된 지 여러 해 지냈건만 수신제가를 제대로 못하면서도 지난날 철모르고 아버지 마음을 아프게 해 드린 것이 못내 가슴 아프다. 이제 와서 아버지에 대한 불효를 뉘우친들 사후 약방문일 뿐이다.

"내리 사랑은 있어도 치사랑은 없다"는 옛 어른 말씀이 하나도 틀리지 않는다.

소금의 고마움

세대차

아버지와 아들 간을 한 세대라고 하는데, 한 세대는 약 30년 정도다. 그러나 급변하는 요즘은 형제·자매끼리도, 한 학년 아래위 선후배 간에도 세대차를 느낀다. 나는 너희 남매를 서른이 넘은 뒤에 낳았으니, 요즘 너희 식으로 따진다면 수십 세대의 차가 난다고 하겠다. 나는 때때로 너희나 학생들로부터 "세대 차이가 난다"는 말을 들을 때마다 내가 어쩌다가 구닥다리가 됐을까 한탄도 해보지만, 가는 세월 그 누가 막을 수 있겠는가.

요즘 친구들을 만나거나 학부모를 만나서 속 깊은 얘기를 나눠보면 가장 큰 걱정거리가 자녀 문제이다. 어떤 친구는 자녀가 엇길로만 나가서 세상 살맛이 안 난다고 푸념을 하는가 하면, 어떤 학부모는 나를 찾아와서는 자식 키우기 매우 힘들다면서 한바탕 눈물을 쏟아놓고 가시기도 한다. 부모들만 그런 게 아니다. 학생들의 이야기를 들어보면 그들도 부모와의 갈등 때문에 몹시 괴로워한다. 심한 경우는 가출까지 한다. 가출은 가정환경이 불우한 학생만이 하는 게 아니다. 평소 생활습관이 바르고 학업 성적이 우수하고 집안 살림도 넉넉한 학생이 어느 날 갑자기 가출을 해서 부모도 놀라고 학교 선생님들도 어리둥절케 한다. 한 신문의 보도는 한 해 동안 가출 청소년은 전국에 20만 명에 이른다 하고, 청소년사랑실천연합의 설문조사에 따르면 중고교생 절반 이상이 가출 충동을 느낀 적이 있다고 한다.

내가 30년 넘게 중고교생들을 가르치다보니 청소년 문제 전문가라도 되는 양, 친지나 학부모님들이 자녀 문제를 상담해오는 경우가 더러 있다. 그들의 얘기를 들어보면 자녀들의 행동이 영 마음에 들지 않고, 사고방식도 도저히 이해할 수 없다고 한탄한다. 자녀들에게 공부할 여건을 다 마련해줬으나 도시 공부를 하지 않고, 의지력도 지구력도 없고 낭비벽이 심해 차마 눈뜨고 볼 수 없다고 하소연을 한다. 그러면서 당신의 학창 시절 얘기를 늘어놓으면서 다음 세대가 걱정이라는 말로 결론을 내리기 일쑤다.

학교에서 아이들 얘기를 들어보면, 부모와 갈등을 겪고 있다는 아이들이 반수 이상이다. 그들의 불만을 들어보면 부모님은 만날 공부 타령만 늘어놓거나, 모든 걸 경제적으로만 따진다. 우리를 위해서라고 하지만 부모님은 세상을 바로 살지 않고 너무 인색하다. 그리고 우리 세대를 너무 몰라 대화가 되지 않으며, 아버지는 너무 권위적이라는 등 불만이 이만저만 아니었다. 그들이 가장 싫어하는 말은 부모님의 가난했던 시절 얘기나 학창 시절 얘기로 "그때는 그때이고 지금은 지금이 아니냐"라고 하며, 부모님은 세상이 변한 걸 너무 모르고 요즘 신세대를 너무 이해해주지 않는다고 불만투성이였다.

"안방에 가면 시어머니 말이 옳고, 부엌에 가면 며느리 말이 옳다"는 말처럼 한편의 얘기만 들어보면 다 옳은 것 같다. 나는 두 세대를 늘 접한다. 그리고 그들로부터 많은 얘기를 들으면서 어쩌면 아버지와 아들, 두 세대 간의 갈등은 인류가 시작한 이래 오늘까지 이어져왔고 앞으로도 계속되리라 생각한다.

하긴 어른들이 한탄하는 "요즘 애들 버릇없다"는 얘기는 고대 이집트의 피라미드 상형문자나, 기원전

2000년 무렵에 새겨진 아시리아 비문에도 나오고, 그리스 시대의 철인 소크라테스와 플라톤도 청소년들을 보고 그런 탄식했다고 하니, 신구 세대 간의 갈등은 인류의 영원한 숙제인가 보다.

그런데도 인류 문화와 역사는 발전을 거듭해왔다. 러시아의 작가 뚜르게네프가 쓴 소설 《아버지와 아들》에서도 자식이 성장하여 아버지로부터 떨어져나갈 때 아버지가 느끼는 외로움과 아버지의 의도와는 반대로 아들이 제멋대로 뻗어나려는 젊은이의 속성을 그리고 있다. 이처럼 아버지와 아들의 갈등은 동서고금이 없나 보다.

두 세대 간의 갈등 요인은 아버지가 의도한 바와 아들의 행동과 생각이 일치하지 않기 때문에 생긴다. 대체로 아버지는 자녀들이 자기보다 낫기를 바란다. 당신이 하고자 했으나 여러 가지 어려웠던 사정으로 못했던 일, 당신이 살아보니까 미처 몰라서 시행착오를 범했던 일을 자녀들이 대신 이루어주고, 자기처럼 실패하지 않기를 바란다. 물론 여기에는 아버지의 욕심이 담겨 있다. 하지만 자녀들은 아버지의 말씀이 부담이 되고, 아버지가 말씀한 가치관이 고루하다고 느낀다. 또는 아버지의 말씀을 따르면서 기쁘게 해드리고 싶지만 자기 능력으로는 아버지의 기대치를 도저히 이룰 수 없어 그 반발로 눈밖에 나는 행동을 한다.

어려웠던 아버지 세대의 삶

나는 아버지와 아들의 갈등을 극복하는 길은 두 세대 간에 서로 이해하는 데 있다고 생각한다. 먼저 너희에게 아버지 세대를 이해해 달라면 무리일까. 아버지 세대들은 대부분 해방 전후 아니면 한국전쟁 전후에 태어났다. 그 무렵은 너희의 상상을 초월할 만큼 참담했다. 대부분 먹을 것도 입을 것도 잠잘 곳도 없었다. 부모를 잃은 아이도 많았고 거리에 버려진 아이도 숱하게 많았다. 의무교육이라고 했지만 초등학교도 집안 형편이 어려워 못 다닌 아이들도 있었다. 먹고살기도 어려운데 집안일 돕지 않고 학교 간다고 부모에게 손찌검을 당하면서까지 몰래 학교를 다녔던 이도 있었고, 계집아이가 무슨 중학교냐며 또는 맏이를 위해 진학하지 못하고 집안일을 도와야 했던 둘째 셋째도 있었다. 등록금을 못내 학교에서 내쫓긴 이도 많았다. 새 교과서로 공부한 사람은 도시의 일부 부유층뿐이었다. 해마다 새학기면 청계천 헌책방을 돌면서 교과서와 참고서를 구했다.

그나마 학교를 다녔던 사람은 행복한 축에 들었다. 고아들은 해외에 입양되기도 했고, 가정부(그때는 '식모'라고 불렀음), 트럭 조수, 버스 안내양('차장'이라고 했음), 넝마주이, 구두닦이, 양담배 팔이 등으로 집안을 돕고 자신의 주린 배를 채웠다. 정규 학교는 돈과 시간이 없어 못 다니고 전수학교나 〈통신강의록〉으로 저 혼자 공부한 이들도 많았다.

입에 풀칠을 하기 위해, 자식의 등록금 마련을 위해 적십자병원에다 피를 파는 사람도 있었고, 미군부대 철조망을 넘어 물건을 훔쳐 파는 이도, 미군에게 몸을 팔아 부모를 부양하고 동생을 공부시킨 심청과 같은 누이도 있었다. 남의 나라 전쟁터에 가면 전투수당을 많이 준다고, 그 돈으로 집에다 송아지 사준다고, 제대한 뒤 복학할 때 대학 등록금 마련한다고 자원해서 월남 불구덩이로 떠난 이도 많았고, 중동 건설 현장에 가서 한 밑천 마련해 온다고 떠난 이도 있었다. 그들 가운데에는 영영 돌아오지 못한 이도, 장애인이 된 이도, 여태 고엽제 후유증을 앓는 이도 있다. 돈을 벌기 위해 무작정 서울로 와 청계천 평화시장 다락방에서, 구로공단 후미진 공장 희미한 형광등 아래에서 한 푼이라도 더 벌고자 각성제를 먹어 가며 재봉틀을 돌렸던 이도 있었다.

이분들이 일부나마 너희 아버지 어머니의 옛 모습들이다. 대체로 사람은 올챙이 시절은 잊으려 하고 또 숨기려 한다. 하지만 그때 그 가난은 너희 아버지 어머니 잘못이 아니고 시대를 잘못 타고났기 때문이다. 그래서 아버지 어머니들은 그 시절의 아픔이 너무 컸기에 그런 가난만은 자식들에게 물려주지 않겠다는 불 같은 집념으로 밤낮을 가리지 않고 일해 오늘 우리가 이만큼 살게 된 것이다. 그때는 '우리도 한번 잘살아보세'가 모두의 꿈이었고 잘살아보기 위해 전 국민이 피땀을 아끼지 않았다.

이렇게 살아온 아버지 세대가 요즘 너희 세대를 볼 때, 이해가 안 되는 점이 한두 가지가 아닌 것은 당연한지도 모른다. 집안일은 돕지 않아도 좋으니 오직 공부만 하라고 해도 공부에는 전혀 관심을 두지 않고 자꾸 밖으로만 나도는 너희를 보면 잔소리를 늘어놓을 수밖에 없다.

아버지는 자기 자식을 가장 사랑한다

아버지의 말씀은 너희 앞날에 대한 충고다. 이 세상 모든 아버지는 자기 자식을 가장 사랑한다. 아버지는 백 사람의 스승보다 낫고, 자식을 아는데 있어 아버지를 따를 사람이 없다.

아버지와 너희가 세대 차이가 나는 것은 너무나 당연하다. 아버지 세대가 학교에 다닐 때는 국민소득이 100달러 시대였고 지금은 20,000달러 시대이니 모든 게 다를 수밖에 없지 않겠니? 아버지가 너희에게 '아껴라' '절제하라'고 하는 것은 사치와 향락 끝에 무서운 재앙이 온다는 것을 염려하는 경고로 받아들여라.

아버지 세대가 다 잘했다고 말하지는 않겠다. 예리한 너희 눈에는 부정적으로 비친 것도 많을 것이다. 해방 후의 혼란과 한국전쟁은 가치관과 도덕성을 잃게 했다. 특히 전쟁은 인간의 존엄성이나 인륜을 파괴시켰다. '너 죽이고 나 살기'의 전쟁에서 인간성이 어찌 보존될 수 있었겠느냐. 가난 속에서 오직 '잘살아 보겠다'라는 한 가지 생각으로 경제 제일주의가 다른 것보다 우선했다는 점도 없지 않았다. 온

통 부정부패와 비리로 얼룩진 점도 많았고, 바른말 한마디 제대로 못 하고 비겁하게 살았다고 비판받을 수도 있다.

변명 같지만 그것은 역사 발전의 한 과도기로 이해해다오. 우리나라가 민주주의를 시작한 지 이제 겨우 60년 남짓하다. 그것도 우리 힘으로 이룬 게 아니라 남이 가져다준 것이다. 그동안 한국전쟁 이후 4·19, 5·16, 5·18, 6·10 등 숱한 격동의 세월을 거쳤다. 그 숨 가쁜 역사의 소용돌이 속에서 할아버지 아버지 세대가 모든 굴욕을 이기며 가난을 물리쳤다면 박수라도 한번 보내야 되지 않겠니?

이제 아버지 세대도 너희 세대를 이해하는 데 심혈을 기울이겠다. 사람은 밥만으로 살 수 없는 줄 알면서도 우선 너희에게 풍족하게 해주려고 다른 것에는 소홀히 한 점을 솔직히 사과한다. 아이들은 밥과 사랑을 먹고 자라는데 너희에게는 밥만 있었지 진지한 사랑이 부족했던 것 같다. 아버지들은 우선 먹고살기 바쁘다는 핑계로 너희와 더불어 대화하는 시간이 적었고, 시대가 바뀌고 세상이 달라졌는데도 너희에게 '아버지 식' 삶을 강요했다. 요즘은 옛날과 달라 너희 세대는 보고 듣는 것도 많고, 생각하고 느끼는 것도 다른데 아버지 살던 시절의 삶을 강요하니 "아버지와는 대화가 안 된다"고 피할 수밖에…. 아버지들은 아직도 낡은 잣대로 너희의 삶을 재려고 하니 너희로서는 튈 수밖에 없었나 보다.

요즘은 공 하나만 잘 던져도 연봉 수십억 원은 받을 수 있을 뿐만 아니라 국민적인 영웅이 되고, 몸매 하나만 잘 가꾸어도 아버지의 평생 봉급을 단시일 내에 벌 수 있는 세상인데 아직도 아버지들은 명문대학 유명 학과만 고집하신다. 아버지 어머니들은 당신 자녀들을 하나의 인격체로 인정하려 하지 않고 당신들의 부속물로 여기려 하는 경향도 없지 않다. 자녀들이 능력과 소질, 적성에 따라 제 길을 가게 하려 하기보다 "내 딸은, 내 아들은 아무개 명문대학에 다니고 있다"고 남들에게 자랑하려는, 당신들의 장식물처럼 여기려 한다. 부모들은 자기 기호에 맞추기 위해 자녀들에게 입만 열면 공부 타령이요, 온갖 불법 과외를 서슴지 않고 있다. 거기에 염증을 느낀 아이들은 그런 부모를 못마땅해 한다.

딸들아, 아들들아, 아버지와 대화가 안 된다고 피하지만 말고 오늘부터라도 마음의 문을 열고 아버지에게 접근하라. 파란 많은 삶을 살아온 아버지를 이해하고 다가가면 아버지도 반갑게 너희를 맞을 것이다. 자식이 아버지를 진정으로 이해해 줄 때, 아버지는 가장 삶의 보람을 느낀다. 아버지는 누구냐? 아버지는 너희에게 가장 귀한 생명을 주신 분이다. 너희가 나무라면 아버지는 뿌리다. 뿌리를 자르면 나무는 죽는다. 아버지의 세대를 이해해다오. 혹 아버지의 말씀이 부당하다면 부드럽게 이해시켜 드리고 그래도 부당하다면 그 자리를 피한 뒤 다시 말씀 드려라. 그렇다면 아버지도 아들의 뜻을 따를 것이다.

소금의 고마움은 그것이 떨어졌을 때 알 수 있고, 아버지의 고마움은 돌아가신 뒤에 안다.

두 사람이 마음을 함께 하면

행복은 가까운 곳에 있다

아들아, 오늘따라 내 기분이 무척 좋다. 네 마음도 이심전심으로 사뿐했으리라 믿는다. 지난해 늦가을 집수리를 하면서 망가진 화단을 손질한다는 게 날씨도 춥고 땅이 언 탓으로 차일피일 미루다 이제는 땅도 녹았고, 곧 씨앗을 뿌릴 때도 다가와 나는 지난 일요일부터 이 일을 시작했다. 애초에는 이 일을 삯 일꾼과 같이 하려다 인건비도 줄일 겸 운동 삼아 나 혼자 쉬엄쉬엄 하려 했다.

나는 삽으로 묵은 화단의 흙을 다 긁어낸 뒤 그 흙을 철망에 쳐서 화단에 담자 흙은 미처 반도 차지 않았다. 거기다 대문 곁에 새로 만든 화단, 수돗가의 화단은 한 줌 흙도 없는지라 세 곳을 모두 새 흙으로 채우려면 상당한 양의 흙이 더 필요했다. 나는 뒷산 기슭에 돌멩이를 가려내는 철망을 설치하고 흙을 퍼다 정성스레 곱게 쳐서 그걸 양동이에 담아 화단으로 부지런히 날랐다. 지난 일요일, 하루 종일 부지런히 흙을 치고 날랐으나 겨우 대문 곁 화단 한 곳만 간신히 채웠을 뿐이었다. 그날 밤, 나는 모처럼 힘든 일로 무리가 갔는지 팔다리도 쑤셨고 허리도 뻐근했다. 이튿날은 세수를 하는데 코피까지 쏟았다. 네 어머니가 알았다가는 아무래도 한소리 들을 것 같아 혼자서 이틀을 끙끙 앓았다. 삯 일꾼을 부르지 않은 것이 좀 후회도 됐다. 하지만 기왕 시작한 것, 이 정도 일을 중도에서 포기할 수 없다는 생각에 오기가 치솟았다. 또 화단을 가득 채운 고운 흙을 만져보니 흙냄새도 상큼했고, 그 흙을 바라보니 사랑스럽고 뿌듯했다. 땀이 밴 곳에 쏟아지는 애정 때문이었다.

오늘 일요일 아침, 나는 야무진 마음가짐으로 남은 작업을 시작했다. 오늘은 꼭 화단에 흙 채우는 일은 끝내겠다고. 하지만 내 마음만 앞섰을 뿐 양동이로 흙을 두어 차례 나르면 한참을 쉬어야 했고, 또 한 번 나를 때마다 도중에서 두어 번씩은 쉬어야 했다. 오전 내내 부지런을 떨었으나 두 곳 중, 한 곳도 제대로 흙을 채우지 못했다. 그런 중, 오후 작업에 네가 나와서 거들자 무척 진척이 빨랐다. 나는 흙을 파서 철망에 치고, 너는 아버지가 친 흙을 양동이에 담아서 나르고. 너와 함께 일하는 게 대단히 능률적이고 그렇게 즐거울 수가 없었다. 그때 문득 이런 생각을 했다. 내가 다시 태어나 직업을 택한다면 너와 함께 일하면서 그 직종을 가업으로 이어가고 싶다는. 들에서 아버지와 아들이 함께 땀 흘려 일하는 농사꾼도 좋고, 통통배를 타고 바다로 나가 아들과 함께 그물을 걷는 어부도 좋을 듯하다. 한 잡지에 실린 '아름다운 대물림'이란 글에 수제 등산화의 명가인 송림제화 창업자 이귀석 옹이 아들에게 제화 기술을 전수하면서 "한꺼번에 다 이루려고 해서는 안 된다. 한 발짝 한 발짝 옮겨놓는 것부터 시작해라"고 이르면서 구두 만드는 일의 기본부터 가르치는 모습을 그려보자 더없이 아름다운 부자父子 상이었다. 내가 화가라면 이 모습을 캔버스에 담고 싶었다. 그러면 밀레의 《만종》 못지않은 명화가 될 것 같았다.

며칠 전, 텔레비전에서 경기도 여주의 오부자 옹기집을 소개한바, 아버지와 아들 네 형제가 항아리를 만들고 있었다. 아버지와 아들이 작업장에서 함께 물레를 돌리면서 옹기를 빚는 광경도 보기 좋았고, 아들이 빚은 걸 아버지가 살피면서 잘못된 부분을 일일이 지적하고는 당신이 5대 할아버지 때부터 대대로 물려받아 몸으로 익힌 도공의 비법을 다시 아들에게 전수하는 모습도 아름다웠다. 아무튼 너와 함께 일을 하자 나는 힘이 훨씬 덜 들었고, 허리의 통증도 별로 느끼지 못했다. 나는 네가 오기 전에 담아갈 흙을 마련해야 한다는 일념으로 부지런히 삽질을 했다. 너는 한 번도 쉬지 않고 나르더구나. 나는 네가 흙을 담아 재빠르게 내려가는 뒷모습을 바라보며 너의 성장에 뿌듯함과 함께 나도 이제 늙어 내 시대는 서서히 막을 내린다는 서글픈 두 마음이 교차했다.

아버지도 군 복무 때는 완전군장을 하고 밤새 행군을 해도 끄떡없었고, 수백 미터나 되는 고지를 하루에 몇 차례 공격해도 이튿날이면 가뿐했는데, 이제는 50미터도 안 되는 곳에 양동이로 흙을 나르며 한두 번 쉬어야 되는 체력의 노쇠함에 숙연해졌다.

마침내 일을 끝내고 몸을 닦은 뒤, 온 식구가 밥상에 둘러앉아 네 어머니가 구운 삼겹살을 상추에 싸 먹으니 다른 어느 때보다 견줄 수 없을 만큼 맛있었다. "행복은 먼 곳에 있는 게 아니고 가까운 곳에 있다"란 말을 실감한 하루였다. 힘든 노동 끝에 휴식은 달콤하고 그 음식조차 달다.

나는 비록 네가 대입 수험생이지만 아버지와 함께 일을 한 시간이 책을 들여다본 시간 못지않게 값지다고 생각한다. 진리는 책 속에만 있지 않다. 이 세상 모든 곳에 다 진리가 있고 배울 게 있다. 아버지는 아들이 도와줘서 흐뭇하고 아들은 아버지를 도와드려 즐겁다면 그것이 진리요, 진정한 행복이 아니겠느냐.

두 장애인의 우애

“두 사람이 마음을 함께 하면 그 날카로움이 쇠도 자를 수 있고, 마음을 같이 하는 말은 그 냄새가 난초와 같다(二人同心 其利斷金, 同心之心 其臭如蘭)”라는 말은 주역에 나온 바, 내가 어렸을 때 할아버지께 배운 문장이다. 그때 할아버지는 나에게 그 글을 가르쳐 주시면서 이런 얘기를 하셨다.

옛날, 한 마을에 장님과 앉은뱅이 두 장애인이 이웃에 살았다. 두 사람은 동병상련으로 몹시 친하게 지내며 의형제를 맺었다. 그들은 매일 만나 서로 ‘형님 아우'하면서 사이좋게 지냈다. 형인 장님은 동네 사람들로부터 들은 얘기를 아우에게 전했고, 아우인 앉은뱅이는 자기가 본 바를 형에게 들려주었다.

어느 봄날, 두 사람이 만나 이런저런 얘기를 나누다가 남들처럼 나들이를 가기로 했다. 형이 아우를 업고 가까운 절로 떠났다. 아우는 형의 등에 업혀 귀를 잡고 방향을 지시하면서 자기가 본 봄 경치를 형에게 들려주었다. 두 사람이 절로 가는 길에 경치 좋은 연못이 있어서 나무 그늘에서 쉬었다. 연못을 바라보던 아우가 형에게 소곤거렸다.

"형님, 연못 속에 있는 누런 돌덩이가 황금덩이 같습니다."

"그래? 그럼 건지세."

두 사람은 갖은 고생을 하며 누런 돌덩이를 건져 올리자 분명 황금 덩어리였다. 아우가 형에게 말했다.

"형님, 이 황금은 형님이 가지십시오."

그러자 형이 고개를 저으며 말했다.

"아우, 무슨 말이오. 그건 아우 몫이야. 아우가 발견했잖아."

"아닙니다. 형님이 가지셔야 합니다. 형님이 아니었다면 어찌 제가 이곳에 올 수가 있었겠습니까?"

"아니, 그건 분명 아우 몫이야. 내가 아우가 없었다면 어찌 이곳에 왔을 것이며 또 왔다손 치더라도 내가 어찌 황금을 볼 수 있었겠는가? 그러니 아우 몫일세."

두 사람은 황금 덩어리를 가지고 '형님 거다, 아우 거다' 서로 밀쳤다. 그러다가 결론이 나지 않자 형이 말했다.

"아우, 우리 두 사람 비록 성치 못한 몸이지만, 이제까지 남달리 돈독하게 지내왔는데, 혹 이후로 이 황금 덩어리로 우리 둘 사이의 우정에 금이 갈지도 모르니 차라리 제자리에 갖다 놓는 게 어떨까?"

"형님, 좋은 생각입니다. 황금보다 우리의 우애가 더 소중하지요. 그렇게 합시다."

마침내 두 사람은 황금 덩어리를 연못에 도로 던져 넣고는 절로 떠났다. 그들이 떠난 뒤, 한 욕심 많은 첨지가 자기 논에 물을 대고자 삽을 어깨에 메고 연못가를 지나치게 되었다. 그런데 그때 큰 뱀 한 마리가 연못에서 나와 첨지의 발등을 스치고 지나갔다. 첨지는 깜짝 놀란 나머지 삽으로 뱀을 두 토막으로 찍고는 연못으로 던져버렸다.

한편, 두 장애인이 절에서 부처님께 참배를 마치

고 공양을 한 뒤, 집으로 돌아가는 길이었다. 그들이 연못가를 지나는데 신기하게도 연못 속에 황금 두 덩어리가 가지런히 놓여 있었다.

"형님, 아까 황금 덩어리가 두 덩어리로 나뉘어져 있군요."

"그래! 부처님께서 우리에게 가피(加被, 부처가 중생에게 은혜를 베풂)를 내리신 게로군. 그럼 우리 나눠 가지세."

"네, 형님."

두 사람은 황금 덩어리를 가지고 돌아와 나누어 가진 뒤, 더욱 우의를 두텁게 다지며 남은 삶을 잘 보냈다.

이 이야기는 어디까지나 지어낸 이야기로 두 사람이 마음을 함께 하면 하늘도 복을 내린다는 교훈이다. 어디 친구 사이만 그러겠느냐. 혈육 사이는 더 그렇다. 집안이 화목하면 가난을 면케 된다는 옛 말씀도 있다. 아버지는 이 밤 대단히 기쁜 마음으로 네게 이 이야기를 전한다. 명심하고 또 명심해라.

2

아름다운 복수

인생은 한 편의 드라마다

젊음의 뒤안길

얼굴

까맣고 쪼그만 소년이 대통령이 된 사연

아름다운 복수

인생은 한 편의 드라마다

나는 세상에서 가장 존귀하다

나 '박도'라는 사람은 이 세상에 단 하나밖에 없다. 너희 '박소현', '박상현'이라는 사람도 이 세상에 단 한 사람밖에 없다. 우리뿐만 아니라 이 세상에 태어난 모든 사람 또한 마찬가지다. 그래서 모든 사람은 이 세상에 단 하나밖에 없는 매우 존귀한 인물이다. 그야말로 '천상천하 유아독존天上天下 唯我獨尊'이다. 이는 석가모니가 탄생할 때 말씀으로 "천지 우주 간에 나보다 더 존귀한 것은 없다"라는 뜻이다.

아버지가 너희에게 이 이야기를 하는 것은 우리 언저리에 이 진리를 잊고 사는 사람들이 매우 많기 때문이다. '왜 나는 못생겼을까?', '왜 나는 가난하게 태어났을까?', '왜 내 부모는 무능할까?', '왜 내 의지력이 약할까?', '왜 나는 공부를 못할까?' 따위의 이유로, 때로는 이런저런 이유도 없이 자기 자신을 포기하고, 스스로 학대하고, 심지어 단 하나밖에 없는 목숨까지 버리는 어리석은 젊은이들이 적지 않기 때문이기도 하다.

스스로 목숨을 끊는 당사자야 죽음을 택할 수밖에 없는 절박한 이유가 있었을 테지만, 제3자가 볼 때는 하찮거나 어처구니없는 이유로 너무나 쉽게 자기 생명을 버린다. 몇 해 전에는 한 여고생이 중간고사에서 1등을 하고서는 정상에 오른 채 죽겠다는, 참으로 어처구니없는 이유로 스스로 목숨을 끊었다 하고, 며칠 전에는 대학수학능력시험을 잘못 보았다고 한 수험생이 고층 아파트에서 뛰어내렸다고 하는구나. 정말 세상을 너무 모르는 철부지다. 사람이 세상을 살다 보면 역전에 다시 역전이 거듭되는 게 인생인데, 한순간만 보고서 섣부른 결론을 내리니 말이다.

죽고 싶었던 고교시절

아버지의 살아온 얘기를 들려주겠다. 사람은 다가올 앞날이 중요하지 지나간 시시콜콜한 얘기가 무슨 소용이 있느냐고 그럴지도 모르겠다. 하지만, 우리가 역사를 배우는 이유가 무엇 때문이냐? 그것은 우리가 과거를 앎으로써 현재를 알고, 또 현재를 앎으로 미래를 가늠할 수 있기 때문이다. 물론 성공한 사람의 화려한 지난 삶의 얘기가 감동을 불러일으킬 테지. 하지만 평범한 사람, 어쩌면 실패한 사람의 삶에서 우러나온 진솔한 얘기에서 오히려 더 큰 깨달음을 얻을 수 있지 않을까 하는 바람으로 이 이야기를 한다.

나는 중학교 졸업할 때까지 고향인 경북 구미에서 할아버지 할머니 품에서 자랐다. 그 무렵 우리 집은 고향 마을에서 부자로 논밭이 50마지기(대략 1만 평)가 넘었고, 가을걷이를 하면 벼만 200가마니 남짓 추수했다. 또 부산에 사시는 아버지는 부산 국제시장과 중앙동에 큰 점포를 가지고 있었다. 그 무렵에는 자가용 승용차를 갖는다는 것은 무척 드물었는데, 그때 아버지는 최신형 고급 세단을 타고 다녔다. 이따금 아버지가 고향에 오면 동네 아이들이 아버지가 타고 온 승용차를 구경하기 위해 몰려들어 법석을 부렸다. 고향집에는 큰 머슴, 중 머슴, 꼴머슴, 가정부, 친척 등 늘 많은 사람들로 득시글거렸고, 부모님이 사는 부산 집에도 마찬가지였다.

내가 초등학교 5학년 때 할아버지가 돌아가시고, 그 이듬해 국회의원 선거에 입후보한 아버지가 낙선한 이후, 곧장 집안이 기울기 시작해서 곧 우리 집과 논밭은 남의 손에 넘어가 버리고 말았다. 나는 고향에서 중학교를 졸업하고 서울로 와 고교 입학시험에는 합격했지만 입학금을 납기일까지 내지 못해 입학식에도 참석하지 못한 채 방문을 닫고 우울한 나날을 보냈다. 그런 나의 처지를 무척이나 안타깝게 여겼던 주인댁에서 입학금을 마련해 준 덕분으로 학교를 찾아가 입학이 취소된 걸 사정 끝에 입학을 허락 받아 추가로 등록했다. 학교는 다니게 되었지만 쪼들리는 생활은 계속되었고, 엎친 데 덮친 격으로 5·16 쿠데타가 일어나자 그 무렵 정당에 관여했던 아버지는 교도소에 갔다. 나는 어쩔 수 없이 휴학계를 써서 학교에 보낸 뒤 절망 속에서 무의미한 나날을 보냈다.

나는 낯선 서울에서 아무 희망이 없는 암울한 나날을 보내면서, 매일같이 엉뚱한 생각만 했다. 이대로 죽어버릴까? 아니면 가출해버릴까? 죽는다면 어떻게 죽어야 고통도 없고 흔적도 없이 죽을까? 그 무렵 유행이었던 방안에다 연탄 화덕을 들여놓을까? 먹으면 죽는다는 알약을 한 움큼 종이에 싸서 주머니에 넣어 다니기도 했고, 차라리 고향이 아닌 낯선 시골로 가 남의 집 머슴살이를 하면서 독학으로 학업을 계속해 볼까도 생각했다. 학교를 그만뒀을 때 어린 나는 그것이 내 인생의 끝인 줄로만 알아 갈팡질팡했다. 그때 막내 여동생은 아직 철부지라 매 끼니 때마다 주인집 밥상을 건너다보고 우리 집 밥은 찬밥(쌀밥)이 아니라고, 반찬이 없다고 울음을 터트렸다. 그런 막내의 울음에 쩔쩔매시는 어머니를 쳐다보기가 괴롭고 갑갑해서 나는 낯선 서울 시내를 마구 쏘다녔다.

생명의 은인

그때 우리는 경향신문을 구독했는데 신문대금이 여러 달 밀려 석간 배달 시간이면 매일 같이 신문배달원으로부터 밀린 신문대금을 독촉 받았다. 당시 덕수상고 1학년인 이정식이란 신문배달원과 여러 날 대하다보니 그만 그와 친해져버렸다. 어느 날, 그는 내 사정을 어림한 듯 신문배달원을 권했다. 자기는 사정이 있어 그만두려고 하니 자기 대신 맡아 달라고 했다. 나는 선뜻 대답을 못하고 며칠 생각해 보겠다고 했다.

그날도 정처 없이 쏘다니다가 발길이 멈춘 곳은 종로 탑골공원이었다. 그곳에는 늘 많은 사람들이 몰려 있었다. 지게꾼, 잡상인, 날품팔이 노동자, 약장사, 관상쟁이, 장님 점쟁이, 팔각정에서 열변을 토하는 우국지사 등 그야말로 서울 시내에서 별볼일없는 백수들이 죄다 모이는 곳으로 많은 사람들이 밤낮없이 들끓었다.

나는 여러 인간상을 구경하면서 하염없이 시간을 보내다가 후문을 통해 공원을 벗어나려는데 거기서 한 거지를 만났다. 그 거지의 두 다리는 무릎 위까지 완전히 끊겨 있었고, 그 부분은 고무판으로 상처 부위를 싸맸지만 뾰족이 내민 살갗에는 피고름이 엉겨 있었다. 그 상처에는 쉬파리가 붙어 피고름을 핥고 있는 데도 그는 상처에는 전혀 상관도 않고 지나가는 사람에게 손을 내밀며 한두 푼을 구걸하고 있었다. 그의 몰골은 시꺼멓게 땟국이 낀, '아! 사람이 저렇게 비참할 수도 있을까' 싶도록 몰골이 처참했다.

나는 그 거지를 본 순간, 내 심장이 멎는 듯한 처절함에 온몸이 오싹했다. 그는 예순 살은 족히 넘었을 늙은이였다. 이미 인생의 막다른 황혼길에서 무슨 미련이 있어 두 손을 다리 삼아 이곳저곳을 기어다니며 삶의 애착에 젖어 있는가. 더 이상 살아봐야 앞으로 무슨 영화가 있다고, 구차한 목숨을 잇겠다고 온몸으로 빌어먹는가.

'그런데 나는 뭐냐?' 이제 열여섯 살 난, 팔다리가 멀쩡하고 앞길이 창창한 녀석이 학교를 못 다니게 됐다고 부모를 원망하고, 세상을 한탄하며, 인생이 괴롭다고 죽음을 생각하는 게 얼마나 못나고 비겁한 일인가. 그래 지금 내가 죽는다고 치자. 그러나 세상은 조금도 바뀌지 않을 것이고, 내일 아침 해는 그대로 동쪽에서 솟아오를 것이다. 다만, 내 부모만은 가슴에 못이 박힌 채 두고두고 자신을, 비명에 간 자식을 원망할 테다. 곰곰이 생각해봐도 내가 죽는다고 해서 이 세상이 아무런 변화도 없고, 나만 몹쓸 사람이 되는 것 같아서 억울해서 도저히 죽을 수 없었다. 그래, 저 거지도 살겠다고, 하늘이 준 목숨을 버릴 수 없어 저렇게 온몸으로 몸부림치며 살아가는데, 도대체 나는 뭐란 말인가? 어제의 연약하고 비겁한 나, 부모를 세상을 원망했던 나는 이 순간 죽자. 그리고 새롭게 태어나자. 새롭게 살자!

나는 그에게 생명의 존엄성을 배웠고, 나에게도 살아갈 수 있다는 길이 얼마든지 있음을 깨닫게 되었다. 다만 그때까지 삶의 방법을 찾지 않았기 때문에 그 길이 보이지 않았을 뿐이었다. 그날 그 거지는 내 생명의 은인이었다. 나는 주머니 속의 알약을 탑골공원 화장실에다 버렸다.

이튿날 나는 이정식 군과 함께 경향신문 낙원동 보급소를 찾았고, 그날부터 신문배달원이 되었다. 이듬해 3월, 나는 벽장에서 책가방을 꺼내 들고 다시 학교를 찾았다. 지난해 담임선생님은 무척 반겨주셨으며 같은 반이었던 친구들은 얼싸 안아주었다. 그 날이 내 삶에 가장 기뻤던 날의 하나로, 지금도 내 머릿속에 또렷이 새겨져 있다. 그로부터 나의 고교 생활이 다시 시작됐다.

지주와 소작인 아들의 인생 역전

며칠 전, 신문 보도를 보니 청소년 가운데에 스스로 목숨을 끊은 이가 연간 6백 명이 넘는다고 한다. 가난 때문에, 성적 때문에, 진학에 실패해서, 부모가 꾸중한다고, 사랑하는 이가 죽었기 때문에, 사랑하는 사람이 나를 버렸기 때문에, 그냥 세상이 싫어서, 살아봐야 희망이 별로 없기에, 죽음이 아름답게 생각되기에 등 그 나름대로 절박한 사연과 그럴 듯한 명분을 남길지 모르지만, 자신의 생명을 버리는 일은 어떠한 경우라도 못난 짓이요, 하늘의 뜻을 거역하는 것이다. 그런 사람은 죽어서도 절대 좋은 곳에 가지 못한다. 하늘은 당신의 뜻을 거역하는 자를 외면할 것이다.

인생은 굴곡이 있는 변화무쌍한 한 편의 드라마다. 인생은 새옹지마(塞翁之馬, 인생의 화복 길흉은 변화가 많아 예측하기 어려움)로 음지가 양지가 되고, 양지가 음지가 된다. 아버지 고향 금오산 기슭에서 장택상 전 국무총리와 박정희 전 대통령이 태어났다. 두 집은 경부선 철길 하나 사이로 매우 가까운 거리인데, 해방 무렵까지만 해도 장택상 집안은 영남 제일의 부자 만석꾼으로 고향에서 남의 땅을 밟지 않고 다닐 정도였다. 이와 달리 박정희 집안은 칠남매나 되는 많은 식구가 외가 위토(位土, 묘지에 딸린 논밭) 논 여덟 마지기 농사를 지어가며 살았는데 도저히 생활이 안 돼 장택상 씨의 땅 다섯 마지기를 소작하며 생계를 이어갔다. 소년 박정희는 가을 추수가 끝나면 둘째 무희 형이 지게에다 도지 삯과 마름에게 줄 뇌물로 씨암탉을 지고 장 직각(장택상 조상 벼슬 이름) 댁으로 가는 걸 보고 자랐다.

많은 세월이 흐른 뒤 어릴 때 제대로 먹지도 못해 체구도 작은 소작의 막내아들이 쿠데타를 일으켜 국가최고회의 의장이 되고, 곧 이 나라의 대통령이 되었다. 장택상 씨가 볼 때는 천지개벽할 정도로 놀랄 일이었다. 그래서 장택상 씨는 초기에는 '박정희 의장', '박정희 대통령'이라는 공식 칭호를 붙이지 않고 '박정희 씨', '박정희 군'이라고 낮춰 부르며 매우 심한 독설을 늘어놓았다. 이 소문을 들은 박정희 대통령은 화가 머리끝까지 치솟았다. 세상이 변한 줄도 모른 채 아직도 자기를 소작의 아들로 업신여긴다고. 제6대 국회의원 선거 때 장택상 씨가 입후보하자 30대 회사원 출신의 송한철이라는 정치 신인을 내세워 보기 좋게 낙선시켰다. 당시 경북 칠곡 선거구는 2대 국회의원부터 5대까지 장택상 씨가 내리 70% 이상의 유효 득표율로 당선된 장택상 텃밭임에도 무명의 정치 신인에게 참패했다. 선거 결과 민주공화당 송한철 31,446표에 자유당 장택상 고작 23,647

표였다. 선거에 진 가장 큰 이유는 칠곡 경찰서에서 장택상 후보를 특별히 보호한다는 명분으로 무장 경찰 네댓 명을 앞뒤로 호위시킨 바, 시골 사람들이 무장 경찰을 무서워한 나머지 장택상 유세장에는 도시 사람들이 모이지 않았다. 그런 뒤에도 장택상 씨가 계속 현실을 인정치 않고 지난날 소작인 아들에게 더욱 독설을 퍼붓다가 그만 병이 들었다. 마침 미국에 있는 딸의 초청으로 신병을 치료하고자 수속을 밟는데, 외무부에서 여권이 나오지 않았다. 그제야 장택상은 냉엄한 현실을 깨닫고 '박정희 대통령 각하 전상서'라는 사실상 항복 편지를 보냈다.

> "각하의 건승하심을 축복합니다…. 소생은 스스로 요양할 여유도 없거니와 일체 비용은 미국에 거주하는 소생의 여식이 부담하므로 외화 유출의 과오를 범하지 않을 것입니다. 대한민국 건국 초대 외무부 장관으로 여권을 창조한 바 있는 소생의 여권을 외무부에서 취소하였다니, 참으로 가혹하다고 아니할 수 없습니다. 이것이 각하의 처단이라면 입을 열 여지조차 없지만, 만일 그렇지 않은 한 부하의 처사라면 각하의 현명한 재결(裁決, 판단)이 있으시기를 바라마지 않습니다. 소생의 신상관계로 각하

의 염려를 번뇌케 하여 드려 죄스러움을 미리 사과드립니다."

그런 뒤 장택상 씨는 외무부로부터 여권을 받고는 미국에 가서 치료를 받았다. 지난날 으리으리하던 장택상 전 국무총리 오태동 생가 대궐 같은 기와집은 남의 손으로 넘어가 절이 되었다가 지금은 한식집이 되었고, 다 쓰러져가던 박정희 전 대통령의 생가 초가집은 말끔히 단장돼 지금 경상북도 지정기념물 제86호로 날마다 참배객이 줄을 잇고 있다. 이것이 인생이다. 이런 인생 역전 일화는 《삼국지》나 《18사략》 등에 숱하게 나온다. 가까운 예로 최근 우리나라에서도 대통령이 사형수가 되고, 사형수가 대통령이 된 일도 있었다. 그래서 인생은 변화무쌍 재미있고, 세상은 살 만한 곳이다. 아무리 현실이 힘들더라도 그때만 지나면 모두가 아름다운 추억이 된다.

이 세상은 네가 어떻게 사느냐에 따라 네 운명이 달라진다. 이런 세상에서 네 꿈을 한번 멋지게 펼쳐라. 너를 대신해 줄 사람은 이 세상에 아무도 없다. 곧 나는 이 세상에 하나밖에 없기 때문에 참으로 위대하다. 그렇기에 이 세상에서 아무렇게 살 수는 없다. 누구나 이 세상에 단 한 번만 주어진 삶이기에.

젊음의 뒤안길

초년고생은 은을 주고 사라

미당 서정주 시인은 일제 강점기에 식민지 백성으로 떳떳지 못한 처신으로 오점도 남겼지만 수준 높은 작품도 많이 남겼다. 그의 〈국화 옆에서〉는 오랫동안 고등학교 국어교과서에 실렸던 작품으로 대학입시에도 자주 출제되었다. 나는 이 작품을 학생들에게 수십 번도 더 가르쳤다. 이 시는 '온갖 고뇌와 시련을 거쳐 도달한 생生의 원숙한 경지'를 노래한 미당의 빼어난 작품 가운데 하나다.

아버지는 학생들에게 이 작품을 가르칠 때, 가장 절구로 강조해서 설명하는 구절은 '젊음의 뒤안길' 부분이다. 젊음의 뒤안길이란 '인종(忍從, 묵묵히 참고 따름)의 인생길'로 젊은 날의 방황과 시련, 고뇌를 말한다. 어느 분야든지 정상에 우뚝 선 사람들의 인생 역정을 살펴보면 대부분 젊음의 뒤안길을 묵묵히 걸어왔다. 또 그런 길을 거쳐 온 사람들은 웬만한 역경에도 좀처럼 쓰러지지 않는다. 그분들이 정상에 오른 것은 요행이나 우연이 아니었기 때문이다.

내가 고교 시절 신문배달을 할 때, 부산에 사셨던 아버지는 객지에 있는 아들이 안쓰러웠던지 자주 편지를 보내주셨다. 아버지의 편지글에는 늘 "초년고생은 은銀을 주고 사라"는 말씀이 적혀 있었다. 그때 나는 그 글귀가 아버지로서 책임을 회피한 말로 들려 무척 짜증스러웠다. 그런데도 아버지는 그런 아들의 마음은 헤아리지 못하고 매번 빠짐없이 그 글귀를 써 보내셨다. 아마 내가 대학을 졸업할 때까지 아버지로부터 그 글귀가 적힌 편지를 수십 번은 더 받았다. 나는 아버지의 편지 속에서 우편환이나 송금 수표는 또박또박 잘 챙겼으면서도 아버지의 달필 편지는 건성으로 읽고 팽개쳐버렸다.

어느새 나도 그때의 아버지보다 나이를 더 먹었고, 내게 그런 글을 보내주시던 아버지가 이승을 뜨신지도 벌써 십수 년이 지났다. 내가 새삼 네 할아버지와 아버지의 지난 얘기를 들추는 것은 너희에게 그런 길을 밟으라고 들려주는 건 아니다. 다만 앞으로 너희에게 부닥칠지 모를 '젊음의 뒤안길'을 피하거나 돌아가지 말라는 뜻으로 하는 얘기다.

한번은 내 글을 책으로 엮어준 출판사 대표와 술잔을 나누면서 그분은 내게 이런 얘기를 했다.

"박 선생님이 교사가 되지 않았다면 아마 더 좋은 글을 썼을 겁니다."

그분은 내 체험 세계가 다양하지 못하고, 교사생활이 안정되기에 내 작품 속에 처절한 삶의 모습이 보이지 않는다는 평가였다. 나는 그 말에 수긍했다. 교사가 된 이후, 나는 최소한 기본 생활에는 크게 불편함이 없었으니까. 그리고 나는 대학에 입학한 뒤로는 별로 공부도 열심히 하지 않았고, 치열한 삶도 살지 않았다. 그러면서 다달이 어김없이 나오는 봉급생활에 편케 살았다. 그러면서 감나무 아래에서 감이 떨어지기만을 기다렸다. 지금 나는 그런 젊은 날의 오만과 나태를 몹시 부끄러워하고 있다. 그때 좀 더 열심히 살지 못한 게 무척 후회가 된다. 요즘 나는 땅거미가 지고 있는 들판에서 허겁지겁하는 빈 쭉정이를 거둬들이는 농부와도 같다.

하늘의 보답

가출과 방랑, 입산과 환속을 거듭했던 고은 선생, 한국전쟁으로 가까운 혈육 모두를 잃고 처절한 삶을 살았던 소설가 이문구 선생, 생활고로 대학도 중퇴하고 제대 후 생계가 막연해지자 아우들에게 6개월만 기다려 달라고 부탁하고는 골방에 처박혀 신문사 현상 공모의 상금을 위해 원고지에 피를 쏟았던 소설가 홍성원 선배 등, 이런 분들에 견주면 나의 젊은 날이란 너무 보잘것없다.

이문열 씨의 젊은 날은 그 자체가 한 편의 소설이다. 그분이 자신의 인생 역정을 고백한 작가 노트에 따르면, 1948년 서울에서 태어나, 한국전쟁이 터지자 외가인 영천에 잠시 살았고, 네 살 때 고향인 영양으로 돌아갔다. 그 뒤 다시 안동으로, 서울에서 여덟 살부터 열 살 때까지 살다가, 다시 밀양으로 내려갔고, 거기서 밀양초등학교를 졸업해서 자기 생애 유일한 졸업장을 받았다. 밀양에서 다시 고향으로 돌아가 나무꾼 생활을 하다 다시 서울로, 안동으로 떠돌다가 부산으로 옮겨, 열여섯 살 때부터 3년 가까운 떠돌이 생활을 했다. 스무 살 때 서울대 사범대에 입학해서 서울을 주거지로 삼다가 두 해만에 학교를 중퇴하고, 서울을 떠나 절간을 돌아다녔다. 그러다 고향에 다시 돌아와 떠돌이 생활을 하다가 군에 입대해서 문산, 파주 등지에서 근무하다가 제대 후, 대구로 내려가 그곳에서 한동안 정착했다. 독자들이 당신의 지난 삶은 왜 그렇게 됐느냐고 묻는다면 그 대답은 어차피 소설이 될 것이라고 말하고 있다. 작가는 그 해답을 아끼고 있지만 그것은 그분 아버지의 월북, 그로 인한 어머니의 피해망상증, 그리고 자신의 몸에 밴 떠돌이 근성 때문이었으리라. 그분은 떠돌이 생활 가운데에도 한 해 500권이 넘는 독서광으로 젊은 날을 온통 방랑과 방황, 폭주로 젊음의 뒤안길을 헤맸다. 그 처절한 젊은 날의 체험과 사색들이 후일 작가로서 대성케 한 원동력이 되었다.

분단문학의 대가로 불리는 김원일 씨의 삶도 가시밭길이었다. 소년 시절 살림이 너무 어려워 가족을 떠나 고향 진영의 장터 국밥집에 얹혀살았다. 뒷날 그 시절의 모든 어려운 삶이 《마당 깊은 집》,《불의 제전》과 같은 명작으로 승화하였다. 그분은 《기억의 풍경들》이라는 산문집에서 젊은이들에게 다음과 같이 말하고 있다.

힘들게 오늘을 사는 젊은이들이여, 어릴 때나 젊을 때나 통과의례로 넘게 되는 몸과 마음의 고생(실연까지 포함해서)을 차라리 즐겨라. 이를 이겨내는 자에게는 하늘이 그 보답으로 성공의 길을 준비해 두고 있으니 부디 좌절하지 말고 용기를 잃지 말기를.

황소, 바닷가, 제주에서, 피난민과 첫눈, 아이들과 물고기와 게 등 많은 작품을 남긴 화가 이중섭 씨의 젊은 날도 처절하기 그지없었다. 그분은 피난지 제주에서 입에 풀칠을 하기 위해 밭에 버린 채소를 줍고 보리 이삭도 주워 모아 절구에 넣고 빻아서 보리죽을 끓여 허기를 면했다. 무료한 시간에는 아이들과 바닷가에 가서 게를 잡으면서 그것을 화폭에 담았다. 캔버스를 마련할 수 없어서 담배 포장 은박지에다 그리기도 했다. 피난지에서 돌아온 뒤 아내와 아들과 생이별을 하게 되고 거기다 내인성 정신분열증을 앓다가 1956년 가을, 적십자병원에서 임종하는 가족도 없이 간장염으로 쓸쓸히 운명했다. 입원비조차 빚으로 남긴 채 한 줌 재로 사라졌다. 오늘날 그분의 유작 한 점이면 모든 걸 다 해결하고도 남았을 텐데, 그때 그분은 그렇게 비참한 젊은 날을 보냈다.

"고요한 아침의 나라, 한국의 서정을 그만큼 성실히 표현한 작가는 없다"고 극찬을 받는 박수근 화백도 혹독한 젊음의 뒤안길을 걸었던 분이다. 그분은 천부의 재능으로 화가가 되었기보다는 온갖 고난과 시련을 묵묵히 극복하면서 끊임없는 노력으로 성공한 화가다. 그분은 강원도 양구에서 태어나 어릴 때 집안의 몰락을 겪고, 극심한 가난으로 양구 보통학교(초등학교)를 다닌 것이 정상적인 교육의 전부였다.

"아버님이 사업에 실패하고, 어머님은 병환으로 돌아가시니 공부는커녕 어머님을 대신해서 아버님을 돕고 동생을 돌봐야 했습니다. 우물에 가서 물동이로 물을 져다 날라야 했고, 맷돌에 밀을 갈아 수제비를 끓여야 했습니다. 그러나 그때 나는 낙심치 않고 그림을 틈틈이 그렸습니다. 혼자서 밀레와 같은 훌륭한 화가가 되게 해달라고 하느님께 늘 기도드리며 그림 공부를 게을리하지 않았습니다"라고 세상을 떠나기 전에 한 잡지의 인터뷰에서 어린 시절을 회고했다.

그분은 한국전쟁 무렵에는 생계를 잇기 위해 미군

PX에서 외국인의 초상화를 그리면서도 우리나라 농촌과 서민들의 일상생활을 당신 작품에 일관된 소재로 삼았다. 그분의 예술 정신은 그 무렵 유행했던 서양의 화풍을 모방하거나 시류를 따르지 않고, 오로지 한국적인 향토애로 가득 차 있었다. “나는 한국 사람으로 우리의 것을 그리는 것만이 세계인의 사랑을 받을 수 있다”는 일념으로 오직 우리 향토와 서민들의 애환을 캔버스에 담았다고 고백했다. 그분은 가난 속에서도 고고하고도 세속을 벗어난 화가의 모습을 잃지 않았는데, 그 모습에 매료된 박완서 씨가 당신의 처녀작 《나목》에서 그분을 주인공으로 그리기도 했다. 박 화백의 독창적인 마티에르(화면에 나타난 그림의 재질적 효과)와 독특한 표현 양식, 그리고 철저하게 한국의 정경으로 일관한 작품이 외국 미술 애호가들의 주목을 끌었다. 그래서 그분의 작품은 정작 우리나라에서보다 외국에서 더 높이 평가되었다. 그분은 백내장 수술로 왼쪽 눈이 완전히 실명이 된 뒤로도 그림을 그렸다. 이런 처절한 삶으로 그분의 작품은 당신 생전보다 사후에 더 주목받아 요즘 화랑에서 최고가로 팔리고 있다.

한 재벌의 금의환향

현대그룹 고 정주영 회장은 입지의 인물로 남다른 젊음의 뒤안길을 걸어온 분이다. 그분은 강원도 두메산골에서 6남 2녀의 장남으로 태어났다. 소년 시절, 죽으라고 일해도 콩죽을 면할 길이 없는 배고픈 농촌 생활이 진절머리나게 싫어서 가출했다. 철도 공사판에서 중노동 생활을 하던 중, 꼬박 300리를 걸어온 아버지의 손에 이끌려 귀향을 했지만, 소 판 돈 70원(당시로써는 큰돈)을 몽땅 훔쳐 들고 또다시 가출해서 서울행 밤차에 뛰어올랐다. 서울로 온 뒤 일거리를 찾아다니다 안암동 보성전문학교(지금 고려대학교) 교사 신축 공사장에서 돌과 목재를 나르는 막노동도 했다. 그 뒤 엿 공장의 잔심부름꾼으로, 쌀가게 배달원이 되었다. 그분은 매일 새벽 누구보다 일찍 일어나 가게 앞을 깨끗이 쓸고 물까지 뿌려놓곤 했다. 마침내 주인의 신임을 받아 배달 생활 4년 만에 쌀가게를 넘겨받았다. 그분은 일평생 부지런함과 신용으로 현대를 창업하여 우리나라 최대의 재벌이 되었고 늘그막에는 소 1,001마리를 트럭에 태워 철옹성 휴전선을 넘어 고향으로 가면서 민간인으로서 남북 화해의 물꼬를 트는 한 편의 드라마를 연출했다.

그분이 돌아가시기 전, 나는 아침 출근길에 그분이 잠바차림에 운동화를 신고 여러 아들들과 함께 이른 꼭두새벽 청운동 자택에서 계동 사옥까지 걸어가는 모습을 이따금 보았다. 그분은 당신의 '젊은 날의 뒤안길'이 가장 큰 재산으로 무슨 일이든 자신감이 가득 차 있었다. 그래서 《시련은 있어도 실패는 없다》라는 자서전도 남겼다.

오늘 아버지 얘기가 좀 길었다. 아버지는 너희에게 물질로 남부럽지 않게 키웠다고 말할 수는 없다만 현재까지는 가난은 물려주지 않은 것 같다. 그동안 너희는 산동네에서 다른 집보다 10년 이상 뒤처진 생활을 하면서 불편하고 고생된 점도 많았다고 생각한다. 하지만 나는 너희가 누구 못지않게 정신적으로나 육체적으로 강인하고 자립심이 강한 점에 대해 뿌듯함을 느낀다. 앞으로 살아가면서 젊은 날의 시련과 고통을 두려워하지 마라. 이 세상의 모든 생명체는 시련을 통해서 강해지고 그것을 이겨 나갈 때 참 기쁨이 있는 것이다. 내가 네 나이 때 가장 듣기 싫어했던 내 아버님의 말씀을 너희에게 전한다. “초년고생은 은을 주고 사라.” 또 나는 너희에게 덧붙인다.

“젊음의 뒤안길을 걷는 자만이 늘그막에 스포트라이트를 받을 수 있다.”

얼굴

백범 선생의 얼굴

어느 대학 신문사에서 학생들에게 복제하고픈 인물에 대한 설문 조사를 하였다. 그 결과에 따르면 제1위로 백범 김구 선생을 꼽았고, 복제해서 안 될 인물 제1위는 히틀러를 꼽았다고 한다. 나 역시 언제, 어디서나 백범 선생의 사진이나 동상을 대할 때면 절로 고개가 숙여지고 옷깃이 여며진다. 왜 많은 사람들이 백범 선생에게 머리를 조아릴까?

김구 선생의 자서전 《백범일지》를 보면, 백범 선생은 어렸을 때 수두를 앓았는데, 당신 어머님이 예사부스럼 다스리듯 죽침으로 고름을 짜낸 탓으로 얼굴에 마맛자국이 남아 있다고 했다. 선생이 소년 시절 청운의 뜻을 품고 공부를 해서 과거를 보고자 임진년 해주에서 거행된다는 경과(慶科, 당시 과거제도의 하나)에 응시코자 과장에 갔으나 글도 모르는 부자들이 큰 선비의 글을 몇백 냥, 몇천 냥에 사고파는 부패한 현장을 목격하고서는 벼슬길을 단념한 뒤, 입에 풀칠이라도 하고자 풍수와 관상 공부를 했다.

백범 선생은 석 달 동안 두문불출하고 관상 공부를 하면서 거울을 앞에다 두고 먼저 자신의 상을 살펴보았다. 아무리 자신의 얼굴을 뜯어보아도 천한데다가 가난한 상에 흉한 상일뿐이었다. 당신의 못난 얼굴을 새삼 알고 난 백범 선생은 비탄에 빠졌다. 세상 살고 싶은 마음이 조금도 없었다. 그런데 관상 책에 이런 구절이 있었다.

"상호불여신호 신호불여심호(相好不如身好 身好不如心好)"

이는 "얼굴이 좋은 것이 몸이 좋은 것만 못하고, 몸이 좋은 것이 마음이 좋은 것만 못하다"라는 말인데 이 글을 본 뒤 용기를 얻은 백범 선생은 얼굴이 좋은 사람보다 마음이 좋은 사람이 돼야겠다는 생각을 굳혔다고 한다. 얼굴만 보면 백범 선생은 미남이 아니다. 만년의 백범 선생 모습도 그저 수수한 시골 할아버지 모습이다. 그런데도 수많은 백성들이 백범 선생을 우리나라 현대사 가운데 가장 흠모하는 인물로 꼽는다. 그것은 바로 그분의 인품, 사상, 인생 역정 때문이다.

미국인들이 가장 존경하는 인물은 링컨이라고 한다. 켄터키 통나무집 출신의 링컨 대통령도 얼굴은 미남이 아니었다. 링컨의 초상을 자세히 뜯어보면 턱이 좁고 광대뼈가 튀어나온 보통 이하의 얼굴이다. 그런 얼굴을 가진 링컨이 미국인의 우상이 된 것은 노예해방 운동에 앞장선 것을 비롯하여 자유와 평등을 위해 혼신을 다한 그의 생애 때문이다.

네 얼굴을 가꿔라

사람은 선천적으로 아름다운 얼굴로 태어난 사람도 있고, 반면에 못생긴 얼굴로 태어난 사람도 있다. 그러나 사람은 한평생 사는 동안 여러 번은 얼굴이 변한다. 선천적으로 아름답게 태어났을지라도 후천적으로 그가 가꾸지 않으면 추한 얼굴로 일생을 마감하게 되고, 비록 추한 얼굴로 태어났을지라도 후천적으로 그가 열심히 자신을 가다듬는다면 아름다운 얼굴로 길이 역사에 남는다. 여기서 얼굴을 가꾸고 가다듬는다는 말은 성형수술을 한다거나 피부 미용을 하는 게 아니다. 자신의 품성과 인격을 갈고 닦고 바르게 사는 걸 뜻한다.

아무리 미남미녀일지라도 그가 나쁜 마음을 품고 악한 행동을 한다면 그의 얼굴에서는 혐오스럽고, 독기를 내뿜는 끔찍한 얼굴로 변해버린다. 영화나 드라마 속에서도 배우들이 맡은 배역에 따라 이미지가 다름을 볼 수 있다. 인현왕후 배역을 맡은 배우는 선량하고 어진 성품으로 관객들의 연민을 불러일으키지만, 장희빈 역을 맡은 배우의 얼굴은 그 표독스러움으로 시청자들의 소름이 끼치게 한다.

의과대학 학생들이 한때 성형외과를 많이 선호했다. 개업의 가운데에 수입이 좋기 때문이었다. 그만큼 젊은 여성 가운데는 성형 수술을 하는 사람이 많았다는 얘기이다. 나는 이따금 졸업한 뒤 학교를 찾아오는 제자의 얼굴이 몰라보게 변해 고개를 갸웃거릴 때도 더러 있는데 그들은 대부분 성형수술을 했기 때문이었다. 어디 젊은 여성뿐인가. 중장 노년층도 이마의 주름살을 펴기도 하고 심지어 겉으로 드러나지 않는 곳까지도 수술을 하는 모양이다. 예뻐지기만 한다면, 섹시해지기만 한다면 무슨 짓인들 못 하랴. 얼굴에다 진흙도 바를 테고 송장 썩은 물도 마다하지 않을 것이다.

모두들 겉으로 드러나는 육감적인 아름다움에는 혈안이 되지만 진정한 아름다움, 곧 내적 아름다움을 가꾸는 데는 소홀하다. 겉만 아름답고 속이 추한 사람은 천박해 보이거나 과대 포장한 상품처럼 곧 배신감이나 혐오감을 느끼게 한다. 진정한 아름다움은 그의 인격에서 풍겨 나온 체취이고, 그의 영혼에서 나오는 은은한 향기이며, 그의 올곧은 삶에서 느낄 수 있는 정갈함이다. 곧 아름다움의 으뜸은 그 사람 내적 인품의 아름다움이요, 영혼의 꽃다운 향기다.

우리나라 해방 전후사의 두 인물이었던 김구 선생과 이승만 대통령의 얼굴을 견주어보면 재미있다. 현실 정치에서는 이승만 대통령이 승자요, 김구 선생이 패자였다. 이 대통령은 재임 때 남산 팔각정에다 자신의 동상을 세우고, 또 지폐에다 당신의 초상까지 새겼지만 4·19 혁명 후 동상은 쇠사슬에 묶여 종로며 을지로 네거리에 끌려다녔고, 지폐는 곧 다른 인물로 바꿔버렸다. 하지만 백범 선생은 이 대통령이 돌아가신 뒤, 남산공원에 동상이 세워져 지금도 참배하는 이가 줄을 잇고 있다. 백범 선생의 초상에서는 순박하고 인자한 모습이 마치 조선의 무명천이나 투박하고도 담백한 백자를 떠오르게 하는 데 견주어, 이 대통령의 초상에서는 어딘가 탐욕스럽고 노회(老獪, 경험이 많고 교활함)하며 질이 낮은 외국산 도자기와 같은 천박함이 풍긴다.

"나이 사십이 되어서도 남의 미움을 받으면, 그는 마지막이다"라고 공자가 말했고, 또 링컨 대통령도 "마흔을 넘긴 사람은 자기 얼굴에 책임을 져야 한다"라고 했다. 나는 마흔을 넘긴 지 이미 오래다. 내 얼굴이 남에게 어떻게 비쳤는지 모르겠구나.

얘들아, 지금 네 얼굴이 못났다거나 잘났다고 비관하거나 으스대지 말고, 이 순간부터 네 얼굴을 가꾸어라. 못난 얼굴이 잘난 얼굴이 될 수도 있고, 잘난 얼굴이 못난 얼굴로 변할 수도 있다. 그것은 오직 네 탓이다.

네 얼굴에 책임을 져라! 지금의 네 얼굴이 네 삶에 따라 아름다운 얼굴도, 추한 얼굴도 될 수 있다. 거듭 말하거니와 네 삶에 따라 네 얼굴이 달라진다.

까맣고 쪼그만 소년이 대통령이 된 사연

선글라스를 쓴 까닭

아직도 너희와 나의 본적은 경북 구미시 원평동인데, 그곳은 내가 태어난 고장이다. 하지만 나의 할아버지와 아버지가 태어난 곳은 구미에서 50리 떨어진 도개라는 마을로, 지금도 도개 선산에는 조상들이 잠들고 계신다. 이 구미와 도개는 또한 박정희 대통령에게도 인연이 깊은 고장이다. 구미는 그분의 고향이요, 도개는 첫 부인 고향인 처가마을이었다.

나는 갓난아이 때부터 할머니 품에서 자랐고, 어른이 된 뒤는 할머니를 내가 평생 모시고 살았다. 내가 서울 구기동에서 살 때 우리 집은 차도 닿지 않는 북한산 중턱 산동네였다. 대청마루에서 정면으로 청와대 뒷산과 북악산 팔각정 일대가 보였다. 밤이면 북악스카이웨이 가로등 불빛이 빤히 보였다.

할머니는 이따금 대청마루에서 “상모 양반은 밤에도 저렇게 불을 켜고 주무신다”고 박정희 대통령에 대한 추억을 말씀하시곤 했다. 사람에게는 첫인상이 거의 평생을 지배하듯이, 할머니에게 깊이 새겨진 박정희 대통령 이미지는 대구사범학교 5학년 재학 중 도개마을로 장가온 그때의 모습을 늘 되새겼다.

“까맣고 쪼고만 사람으로 풍신(風神, 풍채, 사람의 겉모습)은 참 볼품이 없었는데, 어찌 그리 강단(剛斷, 어떤 일을 야무지게 결정하고 처리하는 힘)이 셌던지”라는 말로 상모 양반의 추억을 떠올리셨다. 내 어린 시절, 고향 할머니 친구들끼리 모이면 상모 양반 장가오던 때의 이야기를 나눴는데 귀에 익도록 들으며 자랐다.

박정희 대통령은 선산군 구미면 상모리에서 찢어지도록 가난한 농사꾼의 7남매 가운데 막내로 태어났다. 어머니는 마흔다섯에 딸과 함께 배가 불러온 게 창피하기도 하고, 가난한 집안에 식구가 또 늘어나는 게 겁이 나, 뱃속의 아이를 지우고자 별별 처방을 다하였다. 간장을 한 사발 마시기도 하고, 높은 곳에서 뛰어내리기도 하는 등 온갖 발버둥을 다해보아도 뱃속의 아이는 새록새록 자랐다. 그 무렵 선달

댁(박정희 아버지의 별호)은 아홉 식구나 되는 대가족에 처가 위토 논 여덟 마지기를 붙였으니 식구들이 하루 세끼 밥이나 제대로 먹었을 텐가. 박정희 대통령은 태어날 때부터 영양부족으로 체구가 작고, 상모동에서 원평동 구미 보통학교(구미초등학교)까지 20리가 넘는 먼 길을 책보를 들거나 등에 메고 걸어 다니느라 몸도 여위고 얼굴도 까맸다. 성년이 되고도 당신은 왜소한 체구와 깡마른 모습을 감추고자 늘 선글라스를 쓰고 다녔는데, 심지어 케네디 대통령과 백악관에서 정상회담을 할 때도 선글라스를 썼다.

나는 언젠가 그분의 생애를 그리려고 5·16 쿠데타 당시부터 눈여겨봤다. 그분이 돌아가신 지 이제 한 세대(30년)가 지났지만 아직도 평가는 극과 극이다. 그래서 이 글에서는 정치적인 평가는 접어두고, 그 까맣고 쪼고만 볼품없는 풍채의 소년, 찢어지도록 가난한 농사꾼의 막둥이가 어떻게 육군대장이 되고, 쿠데타를 일으켰으며, 대통령이 되었던 그 힘의 원천은 한 마디로 무엇인지 이야기하고자 한다.

작은 것을 탐하지 않다

나는 그 힘의 원천을 한 마디로 '소탐대실(小貪大失, 작은 것을 탐하다가 큰 것을 잃음)'하지 않는 생활신조를 가졌기 때문이라고 진단한다. 나는 구미초등학교를 졸업하고 집안이 기울어진 상태에서 구미중학교를 다녔는데, 그분 큰집 조카들도 모두 나와 함께 구미초등학교와 구미중학교를 다녔다. 당시 구미중학교는 사립으로 주로 가난한 아이들이 다녔다. 구미에서 살림이 좀 넉넉한 집은 대부분 대구나 김천으로 나갔다. 그래서 구미중학교에 다니는 아이들은 주로 가난한 아이들로 제때에 등록금을 못 내는 학생이 많았는데 학교에서는 야박하게도 매주 월요일 조회가 서는 날은 등록금 미납자를 운동장 뒤로 불러내 집으로 쫓아냈다.

나도 여러 번 등록금 미납으로 학교에서 쫓겨났는데 상모 어른 조카들도 자주 학교에서 쫓겨났다. 그 댁 형수(조귀분 씨)는 걸핏하면 쌀자루나 바가지를 들고서 "땟거리(먹을거리)가 없다"고 우리 집으로 와 양식을 꿔가곤 했다. 뒷날 알았지만 당시 상모 어른은 육군 소장으로 부산 군수기지 사령관이었다. 즉 대한민국 전군의 물자 공급을 총책임지는 막중한 임무를 맡고 있었다. 그 무렵 군에서는 중대 보급을 맡은 하급 군인조차도 군량미 수십 가마는 빼돌리는 게 공공연했는데, 쌀 한 가마니 정도는 얼마든지 지프차에 실어 형님댁에 보낼 수도 있으련만 단 한 번도 그런 얘기를 듣도 보도 못했다. 심지어 그 조카들이 군인 양말 한 짝 신고 다닌 걸 보지 못했다.

그 시절은 한국전쟁 직후로 어쨌든 군에 가지 않겠다거나(전쟁에서 많은 군인들이 사망하고 부상당하는 모습을 직접 보았기에), 군에 가더라도 전방 소총부대에 가지 않겠다고 온갖 연줄로 사돈 팔촌 다 동원하여 병역 비리를 저질렀지만, 상모 어른이 그런 일에 개입했다는 얘기는 들어보지 못했다. 오히려 고향 사람들이 고추, 찹쌀, 참깨 등을 보내도 곧장 매정하게 돌려보냈다는, 정말 바늘로 찔러도 피 한 방울 나오지 않는 아주 냉정한 사람이라는 소문만 들려왔다.

독야청청 청렴결백한 군인

상모 어른은 결점이 많은 사람이다. 우선 체구가 작고, 일제 강점기에 만주군관학교와 일본 육군사관학교를 나왔고, 해방 뒤에는 한때 좌익 연루 혐의로 군사재판에서 무기형을 받고 형집행정지로 감형을 받아 풀려났지만 군대를 떠나야 했다. 그런 낭떠러지에서 떨어지고도 다시 절벽을 올라 5·16 쿠데타 당시 육군 소장까지 오른 것은 바로 그 어른이 지닌 청렴결백과 남다른 강단 때문이었다.

너희에게 들려주기 좀 부끄러운 얘기지만 과거의 우리 군은 각종 비리의 온상이라고 할 만큼 부정부패가 매우 심한 곳이었다. 군인들의 의식주 가운데 부정이 없는 곳은 없을 정도였다. 심지어 부대의 담요와 휘발유는 물론 탄피, 전차의 포신까지도 잘라 팔아먹었는가 하면 산의 나무도 마구 벌채하여 숯을 구워 팔아먹기도 했고, 사병들에게 돌아갈 양식도 빼돌렸다. 그래서 나라에서 젊은이들을 징집해놓고 굶겨 죽이는 국민방위군 사건이 터져 그 책임자가 총살을 당하기도 했지만 그래도 군대 내 부정의 고리는 끊어지지 않았다.

그런 진흙탕 속에서 상모 어른은 독야청청 청렴한 군인이었기에 상관(송요찬 육군참모총장)에게 4·19 혁명 뒤, "3·15 부정선거 책임을 지고 용퇴하라"라는 하극상의 편지도 띄웠고, 마침내 그를 예편시켰다. 5·16 쿠데타에 성공을 하고도 그 숱한 도전자도 죄다 물리치고 18년 동안 우리나라를 통치한 근본 힘은 총구에서 나온 힘도 있을 테지만, 젊은 날부터 소탐대실치 않았던 생활신조와 강단이 었을 것이다.

딸아, 아들아. 큰 인물이 되려면 평소에 작은 것을 탐하지 말아야 한다. 요즘 정부에서 고위공직자로 지명받고도 청문회에서 낙마하여 그 자리에 오르지 못하고 물러나는 사람들이 의외로 많다. 그들의 대부분은 지난날 살아오면서 작은 것을 탐했기 때문이다. 자녀를 위한다며 학군을 위반하고, 부동산 투기를 위해 주민등록을 옮기고, 농지법을 위반하여 농사꾼에게 돌아갈 혜택을 가로채는 행위 등, 모두가 작은 것을 탐하는 짓이다. 작은 것을 탐하는 자는 큰 것을 잃게 마련이다. 아버지와 어머니는 구기동 산동네에서 32년 5개월을 살다가 전세값 정도만 받고 집을 판 뒤 강원도 산골로 떠나왔다. 미련스럽게 살았다고 세상 사람들은 흉을 보겠지만 그렇게 살았기에 내가 지금 너에게 이런 글도 쓰지 않겠느냐.

소탐대실하지 마라. 곧 작은 것을 탐내다가 큰 것을 잃지 말라고 너희에게 당부한다. 까망고 쪼고만 풍신으로 볼품이 없었던 가난한 상모동 소년이 대통령에 오른 것은 바로 소탐대실의 교훈을 몸소 실천하였기 때문이다.

아름다운 복수

어떤 인연

사람은 살아가면서 누구를 만나느냐에 따라 인생이 바뀌기도 한다. 아버지가 최근에 펴낸 책은 중국 대륙에 흩어진 항일유적지를 답사한 《항일유적답사기》, 《사진으로 엮은 한국독립운동사》, 호남 의병 전적지를 답사한 《누가 이 나라를 지켰을까》, 한국전쟁 사진집《지울 수 없는 이미지》(전3권), 《나를 울린 한국전쟁 100장면》 등 대부분 역사물이다. 이런 책 탓인지 어떤 기자는 나에게 '현대사 전문 작가'니 '실록 작가'라는 호칭을 붙여주고 있다. 아마 나를 잘 모르는 이는 내가 대학에서 사학을 전공하고 학교에서 역사를 가르친 훈장 출신으로 알지도 모르겠다. 너희가 알다시피 나는 국어국문학과 출신으로 30년 넘게 국어선생을 한 사람이 아니더냐.

내가 우리나라 역사 가운데 특히 현대사와 독립운

동사에 관심을 가지게 된 까닭은 전주지방 검찰청 검사장을 역임한 이영기 변호사를 만났기 때문이다. 내가 학교에서 그분 막내아들을 가르쳤는데 하필 그때 고종 아우인 김윤태 아저씨가 당시 서울대 학생으로 유신 반대 유인물을 뿌리다가 영등포경찰서 유치장에 구류되었다. 그때는 유신 말기로 무서운 시절이라 가족조차 면회도 못했는데 마침 이영기 변호사가 영등포경찰서 관할 영등포지점 검사장으로 재직하고 있어 특별 면회를 할 수 있었다. 그 일로 인연을 맺게 됐는데 뜻밖에도 1999년 여름방학 때 그분이 작가는 견문을 넓혀야 한다면서 나에게 중국 대륙에 흩어진 항일유적지 답사를 주선해주셨다.

사실 한국독립운동사에 까막눈이었던 나는 중국 대륙을 누비면서 일제 강점기에 조국 광복을 위해 목숨을 바친 거룩한 여러 선열을 만나 느꺼운 마음으로 그 어른들의 자취를 글로 쓰게 된 것이다. 아울러 이영기 변호사의 생애도 알게 되었는데 너희에게도 도움이 될 것 같아 일부만 들려주겠다.

순경에서 검사장이 되다

이 변호사는 자신의 역경을 피눈물나는 노력으로 헤쳐온 분이다. 아버지의 명에 따라 부산고등학교 재학 중에 결혼한 뒤, 장남으로 집안을 지켜야 한다는 아버지의 뜻에 따라 대학 진학을 단념한 채 고향 울산에서 중학교 교사가 되었다(그때는 대학 졸업장이 없어도 교사가 될 수 있었다). 그런 중, 1950년 한국전쟁이 일어났다. 학교가 휴교 중이었지만 집에서 마냥 빈둥거릴 수 없어 통역장교에 지원코자 부산으로 가는 길에 부산역에서 경찰에게 붙들렸다.

"야, 이리 와!"

경찰이 이영기 교사의 어깨를 낚아챘다.

"와이랍니까?"

"도민증 내 봐!"

"여기 있습니다."

경찰은 도민증을 훑고는 위압 조로 말했다.

"젊은 놈이 왜 군대에 안 갔어?"

"그래서 지금 통역장교 시험 보러 가는 길입니다."

"뭐시라고? 통역장교? 자식, 통역장교 좋아하네. 야, 넌 이제부터 경찰이야. 트럭에 타!"

이영기 교사는 그 길로 보수동에 있는 경찰학교에 입교해 소정의 교육을 받고 생각조차 못한 순경(전투경찰)이 되었다. 2년 넘게 울산, 양산 등지에서 순경 생활을 했는데 어느 날 경남 경찰국에서 경사 승진시험 공고가 났다. 이영기 순경은 거기에 응시하여 필기시험에서 수석을 했다. 곧이어 경남 경찰국장 앞에서 필기시험에 합격한 13명이 면접시험을 치렀는데 최종합격자 명단을 보니 자신만 빠지고 12명은 승진시험에 합격했다. 이영기 순경은 너무나 황당하여 경찰국 경무과 인사계장을 찾아가 시험에 떨어진 사유를 물었다. 인사계장은 매우 난처한 얼굴로 "사실은 경찰국장이 당신을 보고 키도 작을뿐더러 인물도 볼품이 없으며, 부하 통솔력이 없어 보인다고 면접시험에서 탈락시켰다"고 말했다. 그 얘기를 듣고 이영기 순경의 분노는 하늘을 찔렀다. 사람을 외모로만 평가하다니!

화가 치민 그는 교사인 친구를 술집으로 불러 울분을 토하며 경찰국장에 대한 복수 방법을 물었다. 법과대학을 나온 친구는 딱 한 가지 가장 멋진 방법이 있다고 일러주었다. 그것은 고등고시에 합격하여 판검사가 되는 길이라고 했다. 그 순간 너무 분한데다가 술도 거나하게 마신 호기로 꼭 고등고시에 패스하겠다고 큰소리를 치고 헤어졌다. 술이 깬 뒤에 이영기 순경은 당신이 뱉은 말이 족쇄가 되어 법과대학 근처도 가보지 못한 고졸 학력에다가 가족을 부양하는 현역 순경이었지만 고시공부에 도전하게 되었다. 이영기 순경은 잠시라도 책을 보고자 남들이 가장 꺼리는 유치장 간수를 자원하여 유치장에서 피의자를 지키며 틈틈이 밤낮을 가리지 않고 책을 보았다. 그로부터 1957년 제8회 고등고시에 수석 합격하기까지 수험생활은 초인적이었다. 엉덩이에 진물이 나도록 공부한 결과 숱한 법과대학 졸업생을 제치고 마침내 태산준령과 같은 고등고시에 그것도 수석으로 합격하였다.

1957년 1월 23일, 서울 중앙청 국무원사무국 강당에서 받은 고등고시 합격증을 손에 쥐고 고향에 돌아오자 자기를 경사 승진에서 떨어뜨린 경남 경찰국장에게서 가장 먼저 축전이 왔다. 이영기 순경은 곧장 자기가 고등고시에 합격한 것은 오로지 경찰국장님 덕분이라고 감사하다는 답장을 써 보냈다. 그리고 부산지검 검사가 된 뒤 그 경찰국장으로부터 신고도 받았다. 이 얼마나 통쾌한 복수요, 멋진 인생 역전

드라마이냐.

사람은 부당한 처사에, 불의에 분노하는 사람만이 그 역경을 헤쳐갈 수 있다. 너희도 세상을 살아가면서 부당한 일을 당하거나, 의롭지 못한 일을 보거든 때로는 분노도 해라. 그 분노를 분노로 그치지 말고 선의의 방법으로 승화시켜라. 그때 복수하고자 하는 힘은 미처 상상할 수 없는 초능력이 될 것이다.

3
길

길

외길을 걷는 사람

공부

꿈

신념

교양

길

드럼에 미친 아이

나는 요즘 이른 새벽에 이따금 그로부터 인사를 받는다.

"선생님, 안녕하세요. 저 남궁연이에요. 저 잘 지내고 있습니다. 학교 다닐 때 선생님이 저희들에게 열심히 살라고 하셨지요. 그러면 모두 정상에서 만난다고 하셨습니다. 저 그동안 열심히 살아왔고 앞으로도 열심히 살겠습니다. 선생님도 작품 열심히 쓰세요. 그럼 또 뵐게요."

막 배달된 신문을 펼치면 전면 통 광고가 보인다. 까까머리의 그가 드럼을 배경으로 전자 악보를 펼쳐 놓은 채 드럼 스틱에 턱을 받치고 의자에 다리를 꼬고 앉아 싱긋 웃으며 나에게 인사를 한다. 그리고 그 옆에는 '메가 매니아 남궁연, 최고는 다릅니다'라는 카피가 있다.

그가 고1의 어느 날 촌극 시간에 한 녀석이 그에게 좋아하는 선생님을 물었다.

"저는 나사못이 약간 빠진 듯한 박도 선생님을 좋아합니다."

이처럼 재치 있는 말솜씨로 친구들의 배꼽을 잡게 했던 까까머리 학생이었다. 그는 그때부터 딴따라 끼가 보였다. 돈만 생기면 레코드판을 사고는 밤낮으로 음악 감상에 심취하면서 드럼을 미친 듯이 두들겼다. 그는 음악에 빠져 살고 싶었는데 아버지는 공학도가 되라고 했다. 아버지의 엄명을 거역할 수 없어 고2 때 자연계를 선택했으나 머리에 수학 공식이나 과학 이론이 쉬 배어들지 않았다. 차츰 학업에 흥미도 잃었고 학교생활도 싫어졌다. 아버지의 강요에 더 이상 순순히 승복할 수 없었다. 그는 자신이 생각하는 '나'와 아버지가 생각하는 '아들' 사이에는 엄청난 괴리가 있음을 알았다. 그때부터 10대의 반항이, 방황이 시작됐다. 자연 학교생활이 뒤틀려지고 마침내 학교로부터 '집에서 당분간 푹 쉬라는 조치'(그의 표현임)도 내렸다. 다시 학교로부터 등교해도 좋다는 통보를 받고는 인문계로 전과를 해서 '하나님의 뜻'을 알고자 신학대학에 진학했다.

일 년 동안 열심히 기도한 결과, 하나님의 계시는 '네 길로 가라'였다. 그 뒤 그는 드럼을 죽기 아니면 까무러치기로 두들겼다. 대한민국에서는 제일의 드러머가 되겠다고 드럼에 미쳤지만 자기를 알아주는 이도 없었고 수중에는 무일푼이었다. "네가 크게 되려고 일찌감치 고통을 받나보다"고 하며 끝까지 용기를 주시던 어머니가 암으로 쓰러졌다. 그날 그는 세수를 하다가 세숫대야에 비친 자신의 초라한 몰골이 너무 한심하고 보기 싫어 그날로 머리를 박박 밀었다. 이상하게 그날부터 길이 트이기 시작했다. 어머니가 아들에게 마지막으로 준 선물이었다. 그는 어머니의 죽음을 딛고 일어선 것이다. 그래서 지금도 스님처럼 까까머리로 지내고 있으며 앞으로도 그렇게 지내겠다고 한다. 그는 지금 방송가에서 자기가 하고 싶은 일을 하면서 열심히 살고 있다.

컴퓨터에 빠진 아이

나는 컴퓨터 오락을 매우 좋아합니다. 중3 때부터 고1 겨울방학 때까지 컴퓨터 오락에 아주 미쳤습니다. 내 머릿속에는 온통 오락에 대한 생각밖에 없었습니다. 그렇다 보니 학교생활도 엉망이 되고 건강도 나빠져서 키도 제대로 크지 못한 것 같습니다. 그리고 엄마랑 사이도 매우 좋지 않았습니다. 내가 방에서 오락을 하고 있으면, 갑자기 엄마가 와서 컴퓨터를 꺼버립니다. 나는 저장도 안 시켜 놓았는데 엄마가 막무가내로 꺼버리니까 무지하게 열 받습니다. 그럴 때면 저는 엄마한테 막 대듭니다. 그러자 엄마가 나를 보고 제정신이 아니라고, 정신과 치료를 받으라고 권했습니다. 참 어이가 없었습니다. 엄마가 아들을 환자 취급을 하니 나는 세상을 살아갈 의욕이 없었습니다. 그러나 세상은 살아야 했습니다. 내가 살고자 하는 이유 중에 하나는 역시 오락 때문이었습니다. 오락을 쉴 새 없이 하다 보니 엄마와 싸움은 끝이 보이지 않았습니다. 엄마와 오랜 싸움 끝에 내가 지쳐 지금은 오락을 하지 않고 있습니다. 두 달 정도 됐는데, 앞으로 어떨지는 나도 잘 모르겠습니다.

내가 컴퓨터 오락을 한 뒤부터는 건망증이 심해졌습니다. 밤참을 먹고 자려고 라면을 끓이다가 그 사이 잠깐 오락을 한다는 게, 가스불을 켜놓은 채 네댓 시간 정도가 지나 태워 먹은 냄비가 한두 개가 아닙니다. 어느 날은 집까지 화재로 날릴 뻔한 적도 있었습니다. 밤을 새우다시피 오락을 즐기다가 등굣길에 버스나 지하철에서 졸다가 종점까지 가버린 적도 많았습니다. 때로는 버스 번호를 착각해서 신촌이 아닌 영등포로 간 적도 있습니다.

작문시간 '말하기' 발표 때, 한 학생의 이야기이다. 그 녀석이 발표할 때 아이들이 책상을 치며 재미있게 들었고, 나도 마치 네 이야기를 듣는 것 같아서 빙긋 웃었다.

사람은 저마다 길이 있다

사람은 저마다 길이 있다. 혹자는 그것을 팔자라 하기도 하고, 운명이라고도 한다. 그 길은 그 누구도 막을 수 없다. 그런데도 세상의 아버지들은 자녀의 앞날을 좌지우지하려고 한다. 그러다가 부자간에 갈등을 빚는 경우가 허다하다.

아들아, 네가 초등학교 4학년 때, 엄마는 당시로

는 큰돈을 들여 컴퓨터를 사다주었다. 그때부터 너는 컴퓨터에 홀딱 빠져버렸다. 네가 중학교에 진학한 뒤에도 여전히 컴퓨터와 살다시피 했다. 자연 네 학업 성적이 점차 하향 곡선을 그렸다. 나는 네 성적표를 볼 때마다 "그래도 네 밑에도 몇 녀석 있구나"라고 호기를 부렸지만, 네가 너무 컴퓨터에만 빠진 것 같아 몹시 걱정이 됐다. 엄마는 보다 못해 네 방의 컴퓨터를 거실로 옮기고, 그래도 안 되니까 코드를 뽑아 숨겨두었다. 하지만 너는 포기를 하지 않고 부모가 잠들기만 기다린 뒤, 한밤중에 몰래 내 방으로 들어와 코드를 꺼내 다시 자판을 두들겼다. 네가 컴퓨터를 잘한다고 소문이 나자 학교 선생님들이 너도나도 일감을 맡겼다. 학급 환경미화도, 선생님의 연구수업 교안도, 책 한 권 분량의 원고도, 청첩장도, 별별 일감을 다 가져와서 밤새워 두들겼다. 때로는 시간에 쫓겨 후끈 단 한 선생님은 밤중에 예고도 없이 우리 집을 찾기도 했다.

네가 고등학교에 진학하면 자제할 줄 알았는데, 입학한 뒤 아예 클럽활동 전산 반에 들어가더구나. 학교 축제다, 교내 행사다 하며 꼬박 밤을 새우는 일이 많았다. 2학년이 되자 전산반 반장이 돼 더욱

학교 행사에 극성을 부렸다. 엄마는 너와 줄다리기 끝에 마침내 지쳐 포기해버렸다. “너 고등학교 졸업 뒤, 대학 못 가면 곧장 용산 전자상가에 점원으로 취직하는 거다”라고 다짐까지 받아두었다. 나도 밤새워 두들기는 자판 소리에 네 방으로 가서 몇 번이나 야단쳤으나 끝내 네 버릇은 고치지 못했다. 더 이상 보다 못한 엄마가 나에게도 포기하라고 했다.

“너무 닦달하면 집 밖으로 나도니까 내버려두세요.”

엄마 말이 일리가 있어 나도 욕심을 버렸다. 부모와 갈등을 빚어 집 밖으로 떠도는 청소년들이 숱하게 많은 걸 내 익히 알고 있지 않느냐.

“아버지도 글 쓰는 일이 좋아서 밤을 새우시지요. 생각이 술술 풀려 한참 신나게 쓰고 있는데 불 끄고 자라면 좋겠습니까? 저도 마찬가지입니다.”

‘말이나 못하면 밉지나 않지? 그래, 네 인생은 네 것이니까…. 일찌감치 용산 전자상가에 나가 자립하는 것이 더 나을지도 몰라. 어차피 다가오는 세상은 대학 졸업장이 별볼일없게 될 테니까.’

그렇게 생각하니까 내 마음도 한결 편했다.

나는 몇 해 전까지만 해도 글은 꼭 육필로 쓴다고 고집을 피웠다. 내 필체에 영혼을 불어넣는다는 심정으로 꼭 만년필로 정성껏 썼다. 워드로 글을 쓰는 친구들이 "한번 배워봐, 아주 편하고 좋아"라고 권해도 묵살하고 컴퓨터 자판 한 번 두들기지 않았다. 나는 장편소설을 쓸 때, 글을 너무 무리하게 써서 팔에 통증이 심해 여러 달 동안 한방병원에 가서 침을 맞으면서도 만년필만 고집했다. 그러다가 학교 선생님들도 필수로 워드를 칠 줄 알아야 된다는 통보를 받고, 또 원고를 청탁한 잡지사에서 원고를 디스켓이나 메일로 보내달라는 요청을 받은 뒤 어쩔 수 없이 컴퓨터 앞에 앉았다.

나는 워드를 정식으로 학원에 등록해서 배우지 않고, 어깨너머로 배우자니 모르는 것도, 실수도 무척 많았다. 그때마다 너에게 물었다. 몇 번은 잘 가르쳐주던 네가 자꾸만 부르니까 짜증이 났는지, 아니면 지난날 네 마음대로 자판을 두드리지 못하게 한 반감 때문이었는지 "아빠, 모르신 것 적어두셨다가 한꺼번에 물어보세요", "이 책 보시고 배우세요"라고 쉽게 배우려 말고 스스로 터득해야 바로 배울 수 있다고 아비에게 충고했다. 네 엄마는 머쓱해진 내 꼴이 재미있는 양 "언제는 아들 구박하더니, 보기 좋~습니다"라고 놀렸다.

네 누나가 대학에 진학하자 그제야 너도 대학 진학을 해야겠다는 생각이 들었는지, 책을 보는 시간이 컴퓨터 앞에 앉아 있는 시간보다 조금 길어지는 듯했다. 대학수학능력 시험 성적이 발표되자 제 공부한 것에 견주면 점수가 다소 후하게 나왔다. 대학입시 원서 접수를 앞두고 너는 다시 고집을 피웠다. 고등학교에서 30년 동안 진학 지도에 이력이 난 아비의 말을 듣지 않고, 제 성적에 무리인 '전자공학과'만 고집했다. 아비가 네 점수로는 무리라고, 다른 학과로 생각해보라고 충고해도 듣지 않았다.

"아버지는 꼭 국문학과로 가고 싶은데, 점수가 조금 부족하다고 일어과로 가시겠습니까? 저는 대학 이름보다 학과를 중시합니다. 올해 못 가면 내년에 가겠습니다."

"…"

듣고 보니 옳은 말이라, 내 소견은 꺾고 네 고집을 따랐다. 예로부터 "자식을 이기는 부모 없다"고 하더니, 나도 별수 없이 자식 고집에 손들어버렸다.

그는 그해 2월 하순, 대학입시 등록 최종 마감 전날에야 합격 통지를 받고 등록해서 대학에 다니다가 졸업한 뒤 지금도 자기가 정한 진로를 별 탈 없이 걸어가고 있다. 앞으로도 제 고집이 옳았다고, 자기가 선택한 길로 후회 없이 살아가기를 구닥다리 아비는 간절히 바랄 뿐이다.

외길을 걷는 사람

정년 퇴직자의 공통점

외길을 걷는 사람이 많은 나라가 선진국이요, 그런 사람이 많은 사회라야 건강한 사회가 된다. 70평생을 무대에 바치고 은퇴에 즈음하여 고별 공연을 한 원로 연극인 김동원 씨나, 병사로 출발해서 육군대장으로 평생을 군인으로 생애를 마감한 한신 장군도 외길을 걷다간 아름다운 분이다. 격변하는 우리 사회에서 외길을 걷기란 쉬운 일이 아니다. 본인은 외길을 걷고 싶지만 타의에 의해 걷지 못하는 경우도 있고, 가족의 생계 때문에 자기가 가고자 한 길을 가지 못하고 다른 길로 발길을 돌리는 일도 많을 것이다. 대체로 한 직장에서 수십 년 몸바치다 정년퇴직을 한 이들은 한결같은 공통점이 있다.

첫째로 그들은 무엇보다 직업의식에 투철하다. 자신의 직업에 만족하고 누가 뭐라고 해도 직분에 흔들림이 없다. 그리고 자신의 직업을 천직으로 알고 묵묵히 일한다.

둘째로 머리가 너무 비상하지도, 그렇다고 무능하지도 않다. 머리가 뛰어난 사람은 빨리 승진해서 일찍 퇴직하거나 아니면 다른 직종으로 옮기거나, 동료 직원의 질시 대상으로 그것을 견디지 못하고 뛰쳐나간다. 그리고 무능한 직원은 윗사람들이 밥값도 못한다고 매정하게 잘라버린다.

셋째로 그들은 성실하고 신체나 정신이 매우 건강하다. 건강 문제로 직장에 성실치 못하면 스스로 퇴직하거나 내쫓기게 마련이다. 또 아무리 유능하고 성실한 사람이라도 건강치 못한 사람은 한 직장에 오래 머무를 수 없다.

넷째로 욕심이 지나치면 정년퇴직이 힘들다. 어느 직장이나 봉급생활자에게는 일확천금이 있을 수 없다. 자기 봉급에 만족하고 거기에 알맞게 생활을 해야지 분수 이상 수입을 바란다든지 봉급보다 과소비한다면 성실한 직장인이 될 수 없다. 이런 분수 모르는 사람도 잘리게 마련이다.

이렇듯 평생을 한 직업으로, 한 직종으로 살아간다는 것은 외환위기 이후 우리나라의 현실에서 쉬운 일이 아니다. 그런데 우리가 알고 있는 선진국들은 평생을 외길로 가는 사람이 많다. 유럽 기행 중 알게 된 이야기인데, 독일의 조링겐은 대장간 마을로 이 지역 사람들은 수백 년 동안 칼만 만들었다. 여기서 만든 쌍둥이 표 칼은 200년 역사를, 삼지창 표 칼은 400년 역사를 자랑하고 있다. 그들 상표는 세계 부엌용품 시장에서 최고의 명성을 얻고 있었다. 독일을 비롯한 유럽인들은 누가 뭐라던 내 식대로 사는, 학벌이나 허세보다 실력과 기술을 우위에 둔 투철한 직업의식을 갖고 있었다.

이웃나라 일본만 해도 첫 직장을 평생직장으로 살아가는 이가 많다. 이것저것 해보다가 하는 수 없이 입에 풀칠이나 하고자 우동 가게를 하는 사람과 평생을 외길로 우동 가게를 한 사람의 우동 맛은 하늘과 땅의 차이만큼 난다. 몇 해 전에 내가 일본 기행을 하는 도중 아키타 현에 갔을 때다. 그곳 이나카와마찌에 있는 사토요우스케佐藤養助 우동자료관에 갔더니 이 지방의 명품 이나니와 우동은 300년이 넘는 역사를 자랑하고 있었다. 이 이나니와 우동은 1665년 창업한 이래 지금까지 7대째 가업을 이어온다고 자료관 한편에다 자기네 선조 족보와 역대 업주 사진과 이름을 자랑스럽게 걸어두고 있었다. 그뿐 아니라 각종 표창장, 명품 인정서, 장부, 엽전, 어음, 계산서, 주판, 명사들의 사인, 시대별로 우동 만드는 기구의 변천사, 포장된 우동 상품, 우동 그릇, 젓가락 등등 우동에 관한 모든 자료가 자료관을 가득 메웠다.

이곳 지배인이 우리 일행을 내실로 안내하고는 막 끓인 우동을 내왔다. 이 우동은 일본에서 가장 비싼 것으로, 한 그릇에 2천 엔(우리 돈으로 약 3만 원 정도)이라고 했다. 아무리 물가가 비싼 일본이라지만 우동 한 그릇이 3만 원이라니. 맛을 보자 면발이 쫄깃쫄깃하고 담박했다. 우동의 제조 과정을 살펴보니 밀가루에서 우동이 되기까지 아홉 단계를 거치는데, 반죽하고 뽑고 늘리고 건조시키고 자르고 불량품을 골라내는 전 과정이 모두 하나같이 손으로 이루어지고 있었다. 그네들은 우동 하나로 자기네 고장을 명소로 만들어서 관광객을 불러 모으고 있었다. 이러한 장인 정신이 일본을 경제 대국으로 만든 원동력이라고 할 수 있다. 그뿐 아니라 문화로도 승화시켰다. 구리 료헤이라는 일본 작가가 쓴 《우동 한 그릇》이 일본 열도를 울리고 한국 독자까지 울린 것은 널리 알려진 이야기이다. 해마다 연말이면 어머니가 두 아들과 우동가게를 찾는 가난한 세 가족의 사랑을 그린, 일본인의 감성이 잘 드러난 작품이다.

유자와 시에 있는 일본 청주 명품 후쿠코마찌福小町 양조장도 400년 역사를 자랑하고 있었다. 이곳에서 만든 우동이나 술을 빚는 방식은 여태 옛 방식 그대로 처음부터 끝까지 수공(손)으로 이루어지고 있었다. 막 빚은 술을 맛보았더니 상큼한 향기와 혀끝을 사로잡는 감칠맛이 있었다. 이 양조장의 술 맛 비결은 깨끗한 물과 좋은 쌀 그리고 삼나무 통 때문이라고 했다. 조금 유명해졌다고, 조금 돈을 벌었다고 새 공장을 짓거나 다른 사업을 확장하지 않고, 옛것을 그대로 지켜나가는 게 명품 이름을 유지하는 비결이었다. 우리나라 기업주들은 조금 돈을 벌면 금세 사업을 늘이거나 문어발식으로 여기저기 덤비다가 끝내 모기업마저 날려버리고 직원들을 거리로 내쫓곤 한다. 짧은 역사와 여기저기 분산된 힘으로는 결코 명품을 만들어낼 수 없다. 명품은 오랜 세월과 최고의 품질로 만들겠다고 끝까지 물고 늘어지는 집념으로만 이루어진다는 교훈을 나는 이곳에서 배웠다. 일본인들은 이러한 직업관으로 전문성을 최대로 발휘하여 경제 대국을 이루었다.

그러므로 너희도 가능한 한 가지 일에 평생을 바쳐라. 무슨 일에 종사하든 자신이 평생을 바쳤다면 아무리 둔한 사람일지라도 그 분야의 전문인이 될 수 있다. 그렇다면 자신의 노후도 크게 걱정하지 않아도 된다.

자주 직장을 옮기면 성공하기 힘들다

내 초등학교 한 친구는 집안이 몹시 어려웠다. 초등학교 시절, 어린 나이에도 학교 수업만 끝나면 금오산에서 나무를 해다 팔아 집안 살림을 도우면서 자신의 월사금도 내고(그때는 초등학교에서도 매달 '월사금'이라 하여 돈을 받았다) 신발도 사 신었다. 그는 산림간수에게 들킬까 두려워 한밤중에 금오산으로 올라가 나무를 하여 지게에다 지고 내려와 새벽 장에 내다 팔고는 아침을 먹고 학교에 등교했다. 초등학교는 간신히 졸업했으나 중학교는 도저히 진학할 수 없어 취업 길로 들어섰다.

기왕이면 식당에 취직하면 밥은 실컷 먹을 수 있을

것 같아 일식집 허드레 일꾼으로 들어갔다. 그로부터 50년, 그는 지금은 서울 명동에서 일식집을 하고 있는데, 그 분야에서는 둘째 가라면 서러워할 정도의 전문인으로 열심히 살고 있다.

"나는 너희들이 학교 얘기를 할 때면 마음이 아파 늦은 밤에 강의록으로 독학해서 고교 과정까지 수료했다"고 말하면서 외길로 살아온 지난 삶을 지금은 자랑스럽게 얘기하고 있다.

그런데 일반적으로 우리나라 사람들은 외길을 가는 이가 드물다. 철새처럼 그때그때의 경기를 좇아가는 이들을 많이 볼 수 있다. 얼마 전 제자 한 녀석을 만났다. 두뇌가 명석했던 그 녀석은 대학 진학 때는 앞으로는 중문과가 전망이 밝다면서 ㅇ대로 진학하더니 얼마 다니지 않다가 휴학하고는 이듬해는 다시 ㄱ대 경영 과에 신입생으로 입학했다. 대학 졸업 뒤 아무개 증권회사에 있다더니 다시 무역회사로 옮겼으며, 지금은 어느 영화사에 다닌다고 했다. 몇 년 새에 직장을 여러 번이나 옮긴 것이다.

그 녀석이 앞으로 몇 번이나 더 바꿀지 알 수 없으나 그렇게 자주 직장을 옮기면 성공하기 힘들다. 젊은 날은 그런대로 자신의 실력을 인정받아 자주 직장을 옮길 수 있을지 모르나, 나이가 들거나 전문직이 아니면 새 직장을 얻기 어렵다. 또 직업이나 직장도 한두 번 바꾸게 되면 자꾸 그러고 싶어진다. 여기가 좋을까, 저기가 좋을까 기웃거리지만 어느 직업, 어느 직장이든 좋을 때와 나쁠 때는 항상 있게 마련이다. 자신의 능력만 믿고 여기저기 옮겨다니는 사람은 '토끼와 거북 이야기'에 나오는 토끼처럼 끝내는 아무것도 이루지 못한 채 늘그막에 후회하기 마련이다.

또 한 분야에서 성공한 사람도 자신의 욕망을 절제하지 못해 모두를 잃어버린 이도 많다. 내가 잘 아는 어느 출판사 대표는 출판계에서 잔뼈가 굵어 마침내 독립하여 젊은 나이에 크게 성공했다. 그는 사업에 자신감이 가득 찼고, 그런 그에게 주위에서 다른 분야에 투자하라고 꼬드겼다. 주변의 찬사에 우쭐해진 그는 생소한 사업에 투자를 했다. 새로 시작한 사업에는 시루에 물 붓기로 돈이 들어갔다. 하지만 얼마 안 돼 도산해버리고 말았다. 그러던 중, 본업인 출판에도 소홀했고 저자들에게 인세도 지불하지 않자 그들마저 외면해버렸다. 그는 뒤늦게야 "송충이는 솔잎을 먹어야 한다"고 후회했다.

어디 중소기업인만 그러하랴. 대기업들도 이 직종 저 직종 마구잡이식으로 뛰어들다 마침내 부도를 내는 일이 종종 있음을 우리는 신문을 통해 자주 접한다. 그들은 자신의 공든탑을 하루아침에 무너뜨릴 뿐 아니라 수많은 실업자를 양산하고 나라의 경제까지 주름지게 한다.

한 우물만 파라

앞으로의 세계는 더욱 전문화 시대가 될 것이다. 팔방미인, 반거들충이는 굶어죽기 십상이다. 세계적인 초일류 기업들은 하나의 업종으로 정상을 차지하고 있다. 미국의 코카콜라 사는 콜라 하나로 지구촌 곳곳을 누비고 있으며, 영국의 버버리는 여름에는 시원하고 겨울에는 따뜻한 방수면 개비딘으로 만든 코트로 세계적인 명성을 얻고 있고, 프랑스의 샤넬은 향수로 세계의 여성을 매혹시키는가 하면, 이탈리아의 구찌는 가죽 제품으로 세계인의 사랑을 받고 있다. 그들은 우리나라 기업가처럼 이 분야 저 분야에 마구 뛰어들지 않고, 돈 좀 벌었다고 아무

업종이나 문어발식으로 확장도 않는다.

외길을 걷는 사람은 그 모습이 아름답다. 외길을 걷는 사람은 전문인이 될 수 있고, 그런 사람이 많을수록 나라도 부강해진다. 요즘은 방망이 하나만 잘 휘둘러도 연봉 10억 원 이상은 벌 수 있고, 카메라 셔터만 잘 눌러도 월 천만 원 이상의 소득을 올릴 수 있다. 물론 수입만이 인생의 전부는 아니다.

한 가지 일에 평생을 바친다면 이 사회에서는 그를 명인名人으로 대접해준다. 그리고 그런 전문인이 많은 나라가 선진국이 되고 경제 대국도 된다. 일찍이 다산 정약용 선생은 "의원이 3대를 계속해오지 않았으면, 그가 지어주는 약을 먹지 않는다(醫不三世 不服其藥)"고 한 바 있다. 무슨 일이든 3대는 해야 마음 놓고 믿을 수 있다는 뜻이다.

외길을 걸어라. 그래야 인생을 정리하는 시점에서 후회하지 않을 것이다.

공부

배운 걸 스스로 익히는 게 공부다

일제 강점기 때 판사의 신분으로 출가해서 열반할 때 '무無'라는 법어를 남긴 효봉선사는 38세의 늦깎이로 스님이 되었다. 스님은 입산 후, 5년 넘게 명산대찰을 두루 다니면서 유명한 선사禪師 아래서 수행했으나 깨달음을 얻지 못했다. 그러다가 참다운 깨달음은 남의 말을 쫓는 게 아니라 스스로 참선하여 진리를 터득해야 됨을 확신하고 금강산 법기암 뒤 토굴로 들어갔다. 스님은 대소변을 볼 수 있는 작은 구멍과 공양이 들어올 수 있는 조그만 창문만 내고는 도를 깨치기 전에는 죽어도 토굴 밖으로 나오지 않으리라 맹세하고는 행자 스님에게 토굴 벽을 바르게 했다.

스님은 하루 한 끼의 공양으로 연명하며 무서운 정진 끝에 마침내 도를 깨우쳐 18개월 만에 스스로 토굴 벽을 무너뜨리고 밖으로 나왔다. 이 일화는 도道든 공부든, 스승의 힘을 빌리지 않고 스스로 해야만 얻을 수 있다는 것을 여실히 들려준다.

"아들 과외비를 보태느라 식당 일까지 하게 됐지만, 최선을 다하는 게 부모의 도리라고 생각했습니다."

서울 목동에 사는 한 어머니가 갑자기 밥집 아줌마가 된 까닭이다. 지금 온 나라가 사교육비로 몸살을 앓고 있다. 과거에는 일부 부유층에서만 성행했던 과외 열풍이 이제는 계층의 구별도, 도시와 농어촌 구별도 없이 전국으로 확산되었다. 과외망국론이 어제오늘에 나온 게 아니건만 진정할 기미가 보이지 않고 해가 거듭될수록 더욱 기승을 부린다. 하지만 50여 년 동안 배우고 가르치는 생활만 해온 나의 체험으로는 공부는 혼자 해야 한다는 것이다.

벌써 40년 세월이 넘었다. 1964년 그해, 나는 까까머리 고3 수험생이었다. 그때도 지금 못지않게 대학입시 경쟁은 치열했다. 어느 선생님은 "고3의 한 해는 인생 역서(曆書, 달력)에서 빼라"고 하시면서 우리 수험생들을 채찍질하셨다. 나는 고3이 된 후로는 샛별을 보면서 등교했고, 저녁별을 보면서 하교했다. 나는 고2 겨울방학 때까지 신문배달을 했는데 고3이 된 후, 두 가지 일을 같이 하기가 힘들 것 같아 아버지께 한 해만 학비를 부탁드렸더니 쉽게 허락해 주셨다. 그 이전, 신문배달 생활이나 가정교사 생활을 할 때, 만일 학교만 다니고 나머지 시간은 공부만 할 수 있다면 학업 성적을 훨씬 더 향상시킬 수 있으리라 생각했었다. 고3의 1년 동안, 아르바이트를 하지 않고 공부에만 전념했지만 내 성적은 기대만큼 오르지 않았다.

내가 터득한 바로는 공부란, 공부하는 시간의 양도 중요하지만 가장 중요한 것은 학교에서 수업 시간에 얼마나 집중해서 듣느냐, 자투리 시간이나마 얼마나 밀도 있게 집중해서 공부하느냐가 더 중요함을 깨달았다. 고1, 2학년 때는 공부할 시간이 없었기 때문에 수업 시간에 귀를 쫑긋 세웠고 자투리 시간도 최대한 이용했다. 그 무렵에는 신문이 하루에 두 차례 발간되는 조석간제라 학교를 벗어나면 공부할 시간을 내기가 힘들었다. 주말에는 신문 보급소에서 할당된 새 독자 확장과 신문대금 수금으로 보내기가 일쑤였다.

나는 그때 친구들 사이에 유행처럼 번진 원 수강을 한번 해보는 게 소원이었다. 학급 친구들이 학원에 다니는 게 몹시 부러웠던 것이다. 나는 특히 영어 성적이 부진했었는데 그 무렵 장안에서 가장 인기 있었던 영어 강사의 강의만 들으면 영어를 훨씬 잘할 수 있을 것만 같은 생각에 사로잡혔다. 마침내 고3이 되던 해 3월에 나로서는 큰돈을 들여 안국동에 있는 한 학원에서 그 무렵 한창 이름을 날리던 강사의 강좌에 등록을 했다. 그것도 맑은 정신에 듣는다고 새벽 강좌를 택했다. 나는 그 강좌를 사흘을 듣고 더 이상 나가지 않았다. 실망이 너무 컸기 때문이었다. 그 강사는 마이크를 목에 매달고 유창한 말씨로 강의를 했는데, 꼭 시골 장터의 약장수 같았다. 수강생들은 그냥 일방적으로 듣기만 했다. 처음 들을 때는 그럴 듯했지만 학원 문을 나설 때는 남는 게 별로 없었다. 강의 내용도 무슨 별나라의 것도 아닌, 학교 선생님에게 이미 여러 번 들었던 내용이었다. 나는 그제야 알았다. 학원에서 강의한 내용도 별것 아니라는 것을. 학원비가 무척 아까웠지만 사흘 만에 학원 수강을 포기해버렸다. 그 뒤 나는 한 번도 학원에 등록한 적이 없다.

공부는 학교에서 한 것만 스스로 익혀도 충분하다. 유명한 선생에게 많이 듣기만 한다고 공부가 되는 게 아니다. 숱한 과외비를 쏟아부어야 공부가 되는 것도 아니다. 배운 걸 스스로 익히는 게 공부다. 스스로 익히지 않고 잔뜩 과외 수업만 받는다면 그것은 마치 음식을 잔뜩 먹어서 미처 소화를 시키지 못하고 설사하는 것과 같다. 과외는 보약과 같다. 물론 전혀 안 받는 것보다는 낫다고 할 수 있을 테지만 과외가 능사는 아니다. 그것은 밥은 제대로 먹지 않고 보약만 먹는다고 건강해지지 않는 이치와 같다. 진정으로 건강한 사람은 하루 세 끼 식사를 잘하고 적당히 운동하고 규칙적인 생활로도 족하다. 보약이 따로 필요가 없다. '밥이 보약'이란 옛말이 정말 딱 맞는 명언이다.

그동안 학교 현장에서 별별 학부모와 학생을 다 보았는데, 입시시즌이 다가오면 숫제 학교에 나오지 않거나 드문드문 출석하면서 과외에만 매달리는 녀석들이 더러 있었다. 그렇게 정상적인 학교 수업보다 과외에만 매달려 오도방정을 떠는 학생치고 목표한 대학에 제대로 진학한 걸 별로 보지 못했다.

공부는 혼자 몸부림치면서 해야 한다. 설사 과외

를 해서 요행히 대학에 진학했다고 해서 그 학생의 장래가 보장되지는 않는다. 그는 혼자 공부하는 능력이 없기에 대학 입학 후 곧 다른 학생에게 뒤처져 버린다. 그래서 중도에 포기하거나 학사경고를 받으며 남보다 1, 2년 늦게 간신히 졸업한다. 하긴 요즘 대학생조차 대학원생에게 과외를 받는다니 할 말이 없다.

나는 너희에게 별난 과외도, 학원에도 야단스럽게 보내지 못했다. 솔직히 아버지의 봉급으로는 그렇게 시킬 수도 없었다. 그렇다고 나는 부모로서 책임을 다하지 못했다고 너희에게 기죽지 않겠다. 왜냐하면 오늘의 이 과외 열풍이 매우 잘못됐고, 설사 형편이 되었을지라도 너희를 그렇게 교육시키지 않았을 것이다. 케케묵은 얘기지만 다시 나의 고3 시절 얘기를 들려주겠다.

그해 겨울 월곶리

그해 12월 하순, 겨울방학이 시작됐다. 그 무렵은 대학입시는 대학별 본고사가 유일한 관문이었는데,

대입 전형일은 이듬해 1월 하순이었다. 학교 수업은 사실상 끝나 남은 기간은 각자가 알아서 공부해야 했고 그 기간은 40여 일 정도 되었다. 그때 내 짝이었던 전남 보성 출신의 염동연 군이 그 무렵 한창 유행이 일기 시작한 독서실에서 함께 공부하자고 제안했다. 나는 그때 고모 댁에 신세 지고 있어서 마땅한 공부방도 없었고, 염 군도 부모님 곁을 떠나 동생들과 함께 지냈기에 서로 뜻이 맞았다.

우리는 후암동 어느 독서실에 등록하여 함께 공부를 했다. 그 독서실은 연탄난로로 난방을 했기에 늦은 밤이면 몹시 추웠다. 그러나 추위보다 더 고통스러운 것은 실내 소음과 분위기였다. 한밤중이면 어느 한 모퉁이에서는 코 고는 소리가 났고, 또 한편에서는 잠꼬대로 집중력을 흐트러지게 했다. 몇몇 학생들은 밤참으로 라면을 끓인다고 냄새와 소란을 피우기도 했다. 그런 상황이었기에 독서실에서 하룻밤 공부를 하면 다음날 하루는 쉬어야 피로가 풀렸다. 지속적이며 효율적인 공부를 할 수 없었다. 그렇게 금싸라기 같은 시간이 초조하게 며칠 지나갔다.

이번에는 내가 염 군에게 서울을 떠나 한적한 시골로 가서 남은 한 달을 마무리 짓자고 제안했다. 염

군도 좋다고 했다. 우리는 지도를 펴놓고 마땅한 장소를 더듬었다. 나는 바닷가를 주장했고, 그는 산속의 절로 가자고 했다. 나는 기왕이면 바닷가가 좋다고 주장하면서, 이 겨울에 산으로 가면 새우젓도 얻어먹지 못하지만 바닷가에서는 능히 얻어먹을 수 있다는 지론을 폈다. 나의 반찬 얘기에 그가 승복해서 바닷가로 낙착되었다.

어디로 갈까? 그때만 해도 동해안은 너무 멀어 서울에서 가까운 서해안으로 눈길을 돌렸다. 일단 인천에서 조금 더 내려간 곳으로 정하고, 둘이서 안양행 버스에 올랐다. 안양 시외버스 정류장에서 무턱대고 바닷가로 간다는 버스를 탔다. 종점이 월곶리라는 곳이었다. 이 마을은 50여 가구 남짓했는데 동네에 머물면 아무래도 마을 사람들과 접촉하게 될 것 같아 마을에서 1킬로미터 정도 떨어진 바닷가 외딴집을 찾았다. 갓 지은 집에는 젊은 부인이 혼자서 집을 지키고 있었다. 우리의 처지를 말하고 한 달만 신세를 지자고 했더니 다행히 문전박대는 하지 않고 기다리라고 했다. 잠시 뒤 면서기인 남편이 자전거를 타고 퇴근했다. 우리의 사정을 다 듣고 난 아저씨는 몰골을 훑어본 뒤 쾌히 받아주셨다.

이튿날 우리는 이불 봇짐과 책을 싸 짊어지고 월곳리로 다시 갔다. 전깃불도 없는 집이라 양초를 여러 봉 준비해 갔다. 아침저녁 군불은 우리 둘이 짚더미에서 볏짚을 날라다 아궁이에 넣고 눈물을 찔끔거리면서 지폈다. 우리가 썼던 건넌방은 미처 장판 도배도 하지 않았기에 군불을 지피는 동안은 방안에 연기가 자욱했다. 그래서 방안에 연기가 빠지길 기다리는 동안 바닷가 벌판을 산책하고는 했다.

연기가 다 빠진 방으로 돌아와 촛불을 켜놓고 나란히 엎드려 공부를 했다. 늘 시작은 진지하게 했지만, 누군가 얘기를 꺼내면 그칠 줄을 몰랐다. 어떤 날은 그 얘기가 자정을 훨씬 넘겨 다음날 새벽까지 이어질 때도 있었다. “우리 예까지 공부하러 왔으니 그만 얘기하자”고 선언하고도 어느새 다시 이야기꽃을 피웠다. 그때는 무슨 얘기가 그리도 많고 재미있었는지 시간 가는 줄을 몰랐다.

월곳리로 간 지 닷새 만에 염 군이 서울로 떠났다. 다음날 해거름 때 돌아온 그는 봇짐을 쌌다. 둘이 함께 있다가는 더 이상 공부가 되지 않을 것 같아 처지가 딱한 나를 위해 그가 양보한 것이다. 그가 떠난 뒤 처음 하루 이틀은 무척 적적했지만 비로소

나는 마무리 정리에 들어갈 수 있었다. 나 혼자 아침저녁 군불을 지피고 바닷가도 산책했다. 눈 쌓인 바닷가 벌판을 걷는 것도 좋았고, 낙조에 물든 불그레한 어촌 마을을 바라보는 경치도 좋았다. 고독하면서도 정감이 가는 그곳 생활이었다. 하지만 내 온 정신은 오직 대학입시에만 매달렸다. 아마 내 생애에서 가장 열심히 공부에 집중했던 시절은 그때였을 것이다.

그즈음 얼마나 신경이 예민했던지 아침저녁 세수를 하기 위해 우물을 긷는데도 두레박이 우물 벽에 부딪히지 않고 떠올려지면 합격이라고 좋아했다. 그때 마무리 공부가 주효했음인지 나는 그해 대학에 들어갔다. 하지만 지금도 제자들이나 너희가 친구네 집에서 밤새워 공부하러 간다면 나는 한사코 만류할 것이다. 내 경험으로는, 친구와 더불어 밤새워 공부한다는 것은 결코 효율적이지 못했다. 그냥 친구 집에 놀러 간다면 별문제는 없겠지만.

스스로 터득한 지식은 오래 남는다

공부는 혼자서 해라. 과외를 안 시켜준다고, 학원비를 안 준다고 부모를 원망치 마라. 요즘은 얼마든지 혼자 공부할 수 있다. 참고서도 지천으로 많고 비디오테이프, 교육방송 등 교재가 넘치고 넘친다. 혼자 공부하다가 모르는 문제가 나오면 적어 두었다가 학교 선생님께 여쭈어라. 선생님은 그런 학생을 좋아하며 친절하게 가르쳐주실 것이다.

우리나라 국문학계의 우뚝한 어른이었던 양주동 박사는 어려서 부모를 여의고 몹시 어렵게 공부했다. 청소년 시절, 영어를 독학하다가 '3인칭 단수'란 말의 뜻을 몰랐다. 그러자 소년 양주동은 "글을 여러 번 읽으면 그 뜻을 스스로 알 수 있다(讀書百遍義自見)"라는 가르침에 따라 며칠 밤낮을 그 항목만 자꾸 외웠으나 끝내 그 뜻을 몰라 마침내 어느 겨울 아침, 눈길 30리를 걸어 읍내 보통학교 선생님에게 물어 마침내 그 해답을 얻었다. 소년 양주동은 너무 기뻐서 그날 밤은 저녁도 안 먹고, 왕복 60리의 피곤도 잊은 채 밤새도록 책상 앞에 앉아 적어 가지고 온 그 말뜻의 메모를 읽었다고 한다. 그렇게 스스로 애써 어렵게 배운 지식은 평생을 두고 잊히지 않는다.

공부는 혼자 해야 한다. 홀로 몸부림치면서 스스로 터득한 지식이야말로 오래 남는다. 쉽게 얻은 재물은 쉽게 도망가고 어렵게 얻은 재물은 오래간다. 공부도 이와 마찬가지다.

꿈

렘브란트

"청소년들이여, 야망을 가져라. Boys, be ambitious"

너희가 여러 번 들어본 서양의 속담이다. 청소년기에는 꿈을 가져야 한다. 젊음의 매력은 그가 가진 꿈에 있다. 꿈이 없는 젊은이는 짠맛을 잃은 소금과 같다. 그래서 "청춘은 희망에 살고 백발은 추억에 산다"라는 말도 생겨났다. 꿈을 가진 이는 쉽게 부정부패, 비리에 물들지 않는다. 꿈을 가진 이는 용기를 지닌다. 또 꿈을 가진 이는 어떠한 어려움에도 결코 좌절하지 않는다.

인류 문화와 역사 발전은 젊은이의 꿈으로 거듭 이루어져 왔다. 하늘을 날겠다는, 그때로써는 허황한 꿈을 가진 라이트 형제 덕택으로 마침내 사람들은 하늘을 날아다니고 있고, 학교의 낙제생인 에디슨의 무모한 꿈 덕분에 지금 온 세상 사람들이 밝은 전등불 아래에서 책을 읽을 수 있으며, 당시로써는 상상도 할 수 없었던 벨의 꿈으로 너희와 나는 버튼 한 번만 누르면 아무 데서나 통화할 수 있지 않으냐.

네덜란드가 자랑하는 화가 렘브란트의 아버지는 아들에게 관리나 학자가 되라고 했다. 이에 렘브란트가 "아버지, 저는 화가가 되기만 한다면 죽어도 좋아요"라고 말하면서 꿈을 말하자 "허허, 네가 죽으면 화가가 될 수 없지. 그래 아버지가 졌다"하며 아들의 꿈을 열어주었다. 그러나 그의 일생은 평탄치 않았다. 아내의 죽음, 파산 선고, 그 뒤 외아들의 죽음과 같은 불행이 잇따랐다. 하지만 렘브란트는 어린 시절의 꿈을 이루기 위해 모든 불행과 싸우면서 세계 회화 사상 최대의 화가로 '혼의 화가', '명암의 화가'라는 별칭을 얻었다.

꿈★은 이루어진다

지난 2002년 월드컵 때, 우리의 오랜 꿈은 본선 1승이요, 16강 진출이었다. 50여 년 동안의 이 비원이 마침내 16강을 넘어 8강으로, 4강으로 이어졌다. 온 국민이 바라고 애써 노력했던 꿈이기에 마침내 이루어진 것이다. 꿈은 바라고 노력하는 사람에게는 이루어지게 마련이다.

내 어린 시절의 꿈을 들려주겠다. 내가 태어날 때 나의 아버지는 고향인 구미초등학교 교사였다. 그 뒤 아버지는 타의에 의해 학교를 그만두셨지만, 내가 초등학교 다닐 때는 아버지와 함께 근무하셨던 선생님이 여러분 계셨기에 나는 초등학교 시절 늘 '박 선생의 아들'이란 애칭이 붙어 다녔다. 어린 나로서 아버지가 선생님이었다는 사실에 대단한 자부심을 가졌다. 더욱이 3학년 때 담임 김경수 선생님은 아버지의 제자가 되는 분으로 대구사범학교를 갓 졸업하고 모교에 와서 처음으로 우리 학급을 맡았다.

그분의 인상은 선이 굵고 시원스러워 흡사 베토벤의 모습이었다. 선생님은 모든 교과를 무척 재미있게 가르쳐주셨고, 학생들에 대한 열정이 대단하셔서 나는 그만 선생님께 흠뻑 빠졌다. 선생님은 우리들 동심의 우상이었다. 글씨도 잘 쓰셨고, 풍금도 잘 치실 뿐만 아니라 음악 교과서에 실린 노래 외에 당신이 작사·작곡까지 해서 시골 아이들의 메마른 정서를 일깨워주셨다. 또 그림도 잘 그리실 뿐 아니라 운동이라면 무엇이든지 만능으로 특히 면내 직장 배구시합 때는 늘 주전 선수로 출전해서 강 스파이크를 내리꽂아 우리들의 박수를 독차지했다.

수업 시간에 들려주시는 옛날이야기는 학동들의 넋을 잃게 했고 무척 인자하시면서도 한번 꾸중하실 때는 우리 반 전원을 고양이 앞에 쥐처럼 벌벌 떨게 했다. 그때부터 선생님은 나에게 신성화된 존재였다. 이담에 나도 어른이 되면 우리 선생님과 같은 훌륭한 교사가 되는 게 그때 내 꿈이었다.

고교 시절, 나는 매우 어렵게 학교에 다녔지만 많은 선생님으로부터 사랑을 많이 받았다. 고1 때 백일장에서 시가 입선되고, 이듬해는 교내 문예현상 공모에 내가 쓴 소설이 당선된 뒤 나를 아껴주신 여러 선생님은 만날 때마다 국문학과로 진학하라고 격려해주셨고, 친구들도 내 이름 대신 '시인', '소설가'란 애칭을 불러주며 문필가의 길을 권유했다. 고2 때 새해 아침, 나는 조간신문 배달을 마치고 북악산 정상에 올라 동녘에 떠오르는 태양을 향해 절하면서 나는 내 꿈을 확정 지었다. 교사생활을 하면서 틈틈이 글을 쓰겠다고. 또 한편으로는 신문사에서 신문 뭉치를 어깨에 메고 나를 때는 신문사 기자나 사장이 되겠다는 당찬 꿈도 가졌다.

그때의 꿈 탓인지 나는 대학 졸업 후 병역을 마치자마자 옆도 돌아보지 않고 곧장 교단에 섰다. 내 어린 시절의 꿈은 서울 한복판 학교의 고교 교사가 되는 게 아니었다. 내가 자란 시골보다 더 벽촌인 산촌이나 어촌의 초등학교 교사가 되어 수업이 일찍 끝나면 학동들과 함께 시냇가에서 메기 붕어를 잡고, 무 배추 호박을 심는 시골 교사가 되는 게 꿈이었다. 그러나 어린 시절의 청순한 내 꿈은 성장하면서 바래지고 때가 묻어 서울 한복판 고교 교사가 돼버렸다. 어쨌든 한 가지 꿈은 이루었지만 작가의 길은 멀고도 험난했다. 실패의 연속이었다. 많은 좌절을 되씹고도, 몇 번이나 포기를 다짐하고도 지워지지 않는 작가의 꿈이었다. 꺾이지 않았던 집념 탓인지 마흔이 넘은 후에야 늦깎이로 문단 말석에 얼굴을 내밀 수 있었고 이제까지 스무 권이 넘는 작품집을 내게 되었다.

세 번째 꿈인 기자는 이룰 수 없는 꿈으로 여겼다. 그러다가 늘그막에 정말 천만뜻밖에도 우연한 인연으로 한 인터넷신문의 시민 기자가 되었다. 기자생활 중, 여러 네티즌의 성원으로 40일 남짓 미국에 특파되는 행운을 얻어 경비가 삼엄한 백악관 앞에서 "미국이여, 이제 두 동강난 내 조국 한반도 통일에 방해치 말라"는 겁 없는 기사도 썼다. 이 모두가 고교 시절에 품었던 꿈이었다.

나는 아직도 꿈을 가지고 있다. 그 첫째는 '청출어람'일 수 있는 제자를 기르고 싶다는 것, 또 하나는 살아생전 이양하 선생의 〈나무〉와 같은 수필이나 황순원 선생의 〈소나기〉와 같은 소설을 한 편 남기고 싶다. 내가 이 세상에서 사라진 후라도 내 글이 다음 세대에 사랑을 받는다면 그때 내 꿈은 모두 이루어진 게 될 것이다. 나는 오늘도 이 꿈을 위해 컴퓨터 자판을 서툰 솜씨로 두들기고 있다.

딸아, 아들아, 네 꿈을 가져라. 큰 꿈이 아닌 작은 꿈도 좋다. 인생에 있어서 꿈은 빛과 소금과 같은 것이다. 설사 그 꿈이 이루어지지 않는다 해도 꿈을 가진 그 자체만이라도 너는 행복할 수 있고, 네 생활에 활기를 줄 것이다. 그리고 그 꿈으로 부정부패, 비리에 쉽사리 물들지 않을 뿐만 아니라 인생의 역경이나 실패에도 좌절치 않는다. 단 그 꿈은 네 이익만 챙기고 다른 이에게 공해가 되는 그런 꿈이 되어서는 안 된다.

꿈을 가져라. 꿈은 사람만이 가질 수 있는 특권이다. 꿈을 가진 사람은 아름답다. 특히 젊은이의 꿈은 더욱 아름답고 값지다.

신념

신념에 따라 산 사람

이 세상에서 가장 쉬운 일은 말로 하는 것이요, 그다음 글로 써서 하는 일이다. 이 세상에서 가장 어려운 일은 자기가 한 말이나 글로 쓴 것을 몸소 행하는 일이다. 우리는 말로는 무엇이든지 다할 수 있다. 또 글로도 무엇이든지 다 쓸 수 있다. 그러나 말이나 글로 쓴 것을 몸소 실천하는 일은 여간 어렵지 않다. 그것도 평생을 두고 일관되게 실천에 옮기는 일은 더욱 어렵다.

내가 너희에게 신념을 가지라고 얘기를 하면서도 시원하게 글을 써나가지 못하는 것은, 과연 나 자신도 지난 세월 동안 "하나의 신념을 지니면서 일관되게 살아왔는가?"라는 질문에 선뜻 대답할 수 없기 때문이다. 어렸을 때부터 일관된 신념을 굳히지 못한 것은, 굳이 변명하자면 부모님과 떨어져 할아버지 할머니 품에서 지내다가 철 들 무렵에 할아버지가 돌아가셔서 좋은 말씀을 많이 듣지 못했고, 또 아버지와 늘 떨어져 살았기에 인생의 지혜를 배울 기회를 갖지 못한 데 있었던 것 같다. 아버지는 이따금 편지로 말씀을 주시고, 간혹 만나 뵐 때 몇 말씀하셨지만 나는 청개구리처럼 별로 귀담아듣지 않았다. 나이가 많이 든 후에야 뒤늦게 깨우친 삶의 지혜를 조부님이나 부모님을 통해 일찍 터득했더라면 지금보다 좀 더 나은 인생을 살았을 거라는 아쉬움도 많다.

그래서 세상의 모든 부모나 훈장들은 젊은 날, 당신은 그렇게 못 살았지만 당신의 자녀나 제자만은 당신보다 더 나은 삶을 살기를 바란다. 그러한 아버지의 마음으로 이 글을 쓴다.

그렇다면 신념이란 무엇일까? 그것은 정의나 진리, 진실에 대해 굳게 믿는 마음이다. 역사상 큰 인물들은 모두가 신념을 지니고 지키며 그 신념에 따라 사신 분들이다. 그분들은 신념을 지키기 위해 하나밖에 없는 목숨마저 지푸라기처럼 버렸다. 온 겨레가 백범 김구 선생을 경배하고 겨레의 스승으로 받드는 것은 그분은 전 생애를 신념대로 사셨기 때문이다. 당신 일평생 소원은 "우리나라 대한의 완전한 자주독립이었고, 독립 정부의 문지기가 되겠다"고 했다. 죽는 날까지 이 신념을 저버리지 않았기에, 우리는 백범 선생의 일관된 삶에 깊이 고개 숙이는 것이다.

어느 순교자

신념을 지닌 사람은 아름답다. 일제가 마지막 발악하던 시절의 일이다. 일제는 우리말과 우리글을 없애고, 우리 겨레의 성씨마저 못 쓰게 할 뿐 아니라 전국 곳곳에 신사神社를 만들어놓고는 우리 백성들에게 참배를 강요했다. 주기철 목사는 대부분 기독교 목회자들이 간교한 일제 탄압에 굴복하여 황국신민으로 신사에 참배할 때, 끝내 이를 거부하다가 네 번의 구속과 5년 7개월 동안 옥고에 시달리다가 순교하셨다. 그것은 당신의 하나님을 저버릴 수 없는 신념 때문이었다.

내가 오래전에 읽은 재미 작가 김은국 씨의 소설 《순교자》는 총구 앞에서도 신념을 지킨 한 목사님의 이야기로 숙연한 감동을 불러일으킨다.

한국전쟁 당시 국군이 평양을 점령하기 바로 직전, 목사 열네 분이 공산주의자들에게 체포되었다. 국군 정보국에 알려진 바로는 그들 가운데 열두 분은 처형됐으나 두 분은 살아남았다는 것이다. 공산주의자들은 왜 두 사람을 제외시켰는지, 왜 그들에게 온정을 베풀었는지, 그리고 왜 단지 그들 두 사람뿐이었는지? 이 미스터리가 소설의 줄거리다. 그 뒤 포로로 잡힌 조선인민공화국 평양시 비밀경찰에 소속했던 정 소좌의 입으로 그 진상이 낱낱이 밝혀진다.

“여러분, 당신들의 위대한 순교자들이 어떻게 죽었나 알고 싶다고 했소? 내가 당신네의 그 위대한 영웅, 위대한 순교자들이 꼭 개처럼 죽어갔다는 얘기를 들려줄 수 있게 된 것은 큰 기쁨이오. 그네들은 꼭 개새끼들처럼 훌쩍거리며, 엉엉 울면서 죽어 갔어! 살려 달라 아우성을 치고, 자기네 신을 부정하고 동료를 헐뜯는 꼬락서니는 과연 보기만 해도 즐거웠어. 그네들은 개처럼 죽은 거야! 모조리 죽여버렸어야 하는 건데!”

“왜 모조리 죽이지 않았나?”

“한 사람은 미쳐버렸기 때문이야. 난 야만인이 아

니거든, 미친놈은 쏘지 않아.”

“또 한 사람은 왜 쏘지 않았나?”

“그는 내게 감히 대항해 온 유일한 친구였어. 난 당당하게 싸우는 걸 좋아해. 그자는 용기가 있더군. 내 얼굴에 침을 뱉을 만큼 배짱 있는 친구는 그자 하나뿐이었어. 난 내게 침을 뱉을 수 있는 자를 존경해. 그래서 그자만은 쏘지 않았던 거야.”

소설은 허구의 세계이기에 이 이야기가 어디까지가 사실인지 확인할 수 없지만, 신념이 강철 같은 사람은 비록 이념이나 사상을 달리해도 상대로부터 경외감을 갖게 한다는 것을 작가는 말하고 있다.

아프리카의 별 슈바이처

신념을 지닌 사람은 거룩하다. 아프리카의 별 알베르트 슈바이처 박사는 프랑스 알자스에서 목사의 아들로 태어났다. 어린 시절부터 약자에 대한 연민의 정이 남달리 강했다. 어느 날 친구와 함께 고무총으로 새를 잡으려는 순간 ‘땡땡, 땡땡….’ 아래쪽 언덕에서 교회 종소리가 산들바람을 타고 들려왔다. 슈바이처에게는 평화롭고도 엄숙하게 울리는 교회 종소리가 마치 "살아 있는 것을 죽이지 마라. 너보다 약한 것을 괴롭혀서는 안 된다"라고 하늘에서 내려오는 하느님의 목소리처럼 들렸다. 그 종소리에 놀란 새들은 모두 날아가 버렸다. 친구는 몹시 투덜거리고 빈정거렸지만, 슈바이처는 새들이 죽지 않은 것을 다행으로 여겨 여간 기쁘지 않았다. 그 이후부터 슈바이처는 남이 자기를 빗대어 무슨 소리를 해도 마음을 쓰지 않기로 결심했다.

어느 날 슈바이처는 어머니와 공원을 산책했다. 그 공원에는 유명한 조각가 바르톨디(뉴욕의 '자유의 여신상'을 만든 사람)가 만든 프랑스 브류아 장군의 동상이 서 있었다. 슈바이처는 가슴에 빛나는 훈장을 달고 있는 브류아 장군보다 동상의 발밑에서 머리를 푹 숙인 채 알몸으로 슬픔을 꾹 참고 있는 흑인의 모습에 더 눈길이 갔다. 그는 "내가 어른이 되면 꼭 도와 드릴게요"라고 나지막하게 속삭였다. 뒷날 슈바이처가 아프리카에 가서 흑인을 도와주며 산 것도 그때의 감정이 키워졌기 때문이었다.

슈바이처가 서른이 됐을 때, 그는 이미 철학 신학

박사였고 또한 목사이자 대학교수였으며, 게다가 바흐에 관한 연구가 깊은 오르간 연주가이기도 했다. 그때 그는 아프리카에 갈 결심을 하고 대학에서 교수로 있으면서 의사가 되기 위해 다시 의학부 학생으로 공부했다. 마침내 1913년, 서른여덟의 슈바이처 박사는 많은 사람들의 만류를 뿌리치고 아내 헬레네와 함께 아프리카로 갔다. 그로부터 50년 넘게 슈바이처 박사는 아프리카 흑인들의 은인으로 살았다. 그분처럼 어릴 때의 신념을 평생 지키면서 살다간 의로운 사람은 드물 것이다.

작은 신념이라도 지녀라

너희가 인류와 민족, 사회를 위한 큰 신념을 지니고 살아갔으면 좋겠다만 그건 너무 부담이 될 것 같다. 그래서 나는 보통 사람, 한 생활인으로 작은 신념이라도 꼭 지니며 살아가기를 당부한다. 사실, 사람이 사회생활을 하다 보면 그 작은 신념 하나도 지키며 살기가 쉽지 않다. 더욱이 오염된 대기 속에서 나만 맑은 공기를 호흡하며 살기란 매우 어렵다. 내 신념과 집단의 분위기가 서로 어긋날 때, 집단은 다수의 힘으로 또는 공권력이라는 허울 좋은 이름으로 내 신념을 용납지 않는 일이 많다. 그리고 신념대로 살다 보면 때로는 모난 사람이라니, 협조하지 않고 저만 잘난 체하는 독불장군이라는 사람이라니, 삐딱한 사람이라는 말로 욕먹기 십상이다. 그들은 "짧은 인생을 굳이 그렇게 살 필요가 있느냐?", "누이 좋고 매부 좋게 살자"라고 회유하다가 그래도 듣지 않으면 마침내 다수를 위한다는 명목으로 고립시키거나, 조직에서 내쫓고, 교도소에 가둬버린다.

더욱이 폭력이 지배하는 사회에서는 확고한 자기 신념을 지니고 살기가 매우 힘들다. 폭력은 언론조차 시녀로 만들어 여론도 조작하고 다수의 대중도 굴복시키며, 그들 위에 군림한다. 하지만 철옹성 같은 폭력도 세월이 지나면 하루아침에 안개처럼 사라져버린다. 그제야 대중들은 폭력의 실체를 알고 속아서 산, 억눌려 산 지난 삶을 부끄러워한다. 일제 강점기에 아무 신념 없이 식민 통치에 동조하거나 적극적으로 친일했던 무리가 그러하고, 해방 뒤 독재정권에, 군사정권에 그때마다 손뼉 치고, 자신의 이익만 챙기며 빌붙어 살았던 무리가 그러하다. 개인만 그런 게 아니다. 집단도 마찬가지다. 문민정부 탄생 이후 언론과 관변단체들이 지난 시대에 제 구실하지 못했음을 뒤늦게야 솔직히 사과하는 모습도 봤다.

내가 광주 보병학교를 수료한 뒤 전방 소대장으로 부임했을 때다. 소대원들은 새로 소대장이 왔다고 연병장에 집결했다. 나는 단상에서 소대원들을 죽 훑어보았다. 순간 울고 싶은 마음에 울컥했다. 야간 근무를 위해 낮잠을 자다가 막 깨어난 부스스한 얼굴, 도시 눈에는 초점도 없었고 의욕도 없어 보였다. 그들은 나에 대한 반가운 표정보다 또 하나의 귀찮은 상급자가 왔다는 짜증스런 얼굴이었다. 낡고 해진 군복에 너절한 통일화, 돈도 백도 없어 최전방 말단 소총 소대까지 온 불쌍하고 가난한 젊은이들. 나는 그들을 보는 순간 마음속으로 다짐했다.

'그래, 난 너희 위에서 군림하고 괴롭히는 소대장이 아니라 너희와 동고동락하는 소대장이 되리라.'

그 뒤 독립소대로 파견 근무를 1년 남짓하면서도 최소한 1종(쌀과 보리 등 식량)을 팔아먹고 소대원을 배 곯리는 그런 썩은 군인은 되지 않겠다고 몇 번이나 다짐하고 다짐했다. 내가 군에 복무하는 동안 너무나 많은 비리를 내 눈으로 보았기 때문이다. 공룡같이 거대한 집단의 비리를 일개 소위가 척결하지는 못해도 최소한 내가 지휘하는 소대만은 깨끗하고 정직하게 꾸려가고 싶었다. 이런 나의 신념이 행동으로 옮겨졌는지 그것은 내가 할 말이 아니라고 생각한다. 지금도 전국 방방곡곡에 흩어져 있는 옛 전우들이 판정할 문제다. 그 뒤 교단에 선 이래 내 이익을 위해 남을 괴롭히는, 염불보다 잿밥에 마음을 두는 비난받는 교사가 되지 않겠다는 신념을 다짐하곤 했는데, 이것 역시 제자나 학부모가 판정할 문제라고 생각한다.

신념을 가지고 살아라. 큰 신념이 아닌 작은 신념, 내 이익을 위해 다른 이를 괴롭히는 인생은 되지 않겠다는 나름대로의 작은 신념이라도 좋다. 이런 신념을 가진 사람이 많을수록 건강한 사회가 되고, 이런 사람이 많이 모여 살수록 이 땅에서 부정, 부패, 비리가 추방된다. 지금 우리나라에 가장 필요한 것은 이런 작은 신념을 가진 사람을 많이 길러내는 일이다. 온 백성들이 이런 신념을 가질 때 우리나라는 좋은 나라가 된다. 이것이 지금 부패의 늪에 흐느적거리는 나라를 살리는 길이다.

"신념은 산도 움직인다"라고 일찍이 영국 사람들이 말하였다. 작은 신념이 나라를 살린다.

교양

신사는 총보다 지갑을 먼저 뺀다

이따금 마음에 맞는 친구와 함께 조용한 음악이 흘러나오는 곳에서 좋은 차나 시원한 맥주잔을 기울이면서 얘기를 나눌 때만큼 즐거운 시간은 없다. 그 친구가 견문이 많은 친구면 더욱 좋다. 가급적 대화 내용도 직장 얘기, 돈 버는 얘기, 정치인들의 스캔들이나 다른 사람 흠잡는 얘기가 아니면 더욱 좋다.

나의 고교 동창 이관세 삼성의료원 교수는 견문이 무척 많은 친구다. 그는 화제가 다양하고 얘깃거리가 무궁무진해서 그와 대화하는 시간은 늘 즐겁다. 그는 하루 세 끼 식사를 하듯, 늘 손에서 책을 떼지 않는 독서광으로 문학, 철학, 음악, 역사 등 각 방면에 무불통지의 이야기보따리를 가지고 있다. 그는 특히 영화 마니아로 1950년대부터 지금까지 영화 제목만 대면 주연 배우, 감독, 주제곡 등을 줄줄 외우

다시피 한다.

그는 고교 시절부터 영화광이었다. 우리들 대부분 가난했던 그 무렵 주머니가 두둑할 리가 없었다. 그래서 우리들의 주 무대는 재개봉관 아니면 두 편을 동시 상영하는, 화면에서 비가 줄줄 내리는 삼류극장이었다. 학교에서 가까운 시네마 코리아 극장(지금 조선일보 자리), 화신극장, 우미관, 경남극장 등이 단골이었다. 그 친구는 극장 입장료가 없으면 헌 책방에다 사전을 맡기고 돈을 빌려 극장 출입했으니, 어찌 보면 대단히 불량한 학생인 셈이었다. 하지만 공부에 있어서는 3년 동안 줄곧 다른 친구들의 추종을 불허했으며, 불량기라고는 전혀 찾아볼 수 없는 슈퍼스타요, 짱구 박사였다.

지금도 가끔 그 친구를 만나면 영화 보따리를 풀어 놓곤 하는데 '사나이 시리즈'만 여남은 개 주워섬긴다. '라라미에서 온 사나이', '텍사스에서 온 사나이', '유성 같은 사나이', '자랑스러운 사나이' 등 아직도 10대 청소년 마냥 총알 같이 쏟아내면서 우선 우리들의 기를 죽이고 나서는 '결투 시리즈'를 줄줄 늘어놓는다. '백주의 결투', 'OK 목장의 결투', '고스트타운의 격투', '간 힐의 격투' 등, 그뿐 아니다. 쇼팽의

'즉흥 환상곡'이 흘러나오면 그는 쇼팽의 음악 세계는 물론 여성 편력까지 주워섬긴다. 또한 독서광으로 독서의 폭도 넓고 깊다.

그는 술자리에서도 인심이 후하다. "신사는 총보다 지갑을 먼저 빼라"고 했다면서 친구를 비신사로 만든다. 아무튼 그를 만나면 즐겁고 내가 배우는 게 많아서 좋다. 헤어져 돌아오는 길은 꽃다운 향기가 그윽한 차를 마신 듯 상큼하다. 일찍이 공자가 말한 유익한 친구 셋 중의 하나인 견문이 많은 친구다. 내가 이 친구에게 진료는 받아보지 않았지만 환자들이 무척 좋아할 것이다. 그는 어떤 대화도 나눌 수 있기에.

하이네의 시를 읊는 기사

아버지는 유럽 기행 길목에서 스위스부터 독일, 벨기에, 네덜란드 세 나라는 단체 버스관광을 했다. 날렵한 이층의 벤츠 버스로 화장실과 음료수 판매대까지 갖춘 쾌적한 고급 차에 운전기사는 스위스인 헬무트 씨였다. 스위스와 독일 국경을 통과한 버스는 라인 강변을 따라 계속 북으로 달렸다. 독일의 고속도로 아우토반 6차선 도로가 시원스럽게 펼쳐졌다. 중간 잠시 머문 곳은 라인 와인으로 이름 높은 소도시 뤼데스하임의 드로셀가세 일명 티티새 골목으로, 잠시 관광을 하고 다시 라인 강변을 끼고 북으로 달렸다. 강 위에는 유람선과 화물선이 드문드문 오르내렸다. 군데군데 옛 성들이 지난날의 역사를 말하듯 여태 버젓이 버티고 있었다. 나는 강과 언저리의 포도밭, 옛 성들을 하나도 놓치지 않으려고 두리번거리는데 갑자기 버스 기사가 마이크를 잡고 방송을 했다. 곧 로렐라이 언덕에 도착하는데 이 '요정의 바위'의 전설을 노래한 하이네 시를 읊어보겠다고 했다. 그는 핸들을 잡은 채 〈로렐라이〉 시구를 나직이 낭송했다.

그의 낭송이 끝나자 승객들이 일제히 박수를 보냈다. 그 뒤 나는 아래층 운전석 옆으로 가서 이런저런 대화를 나눴다. 그는 내 서툰 영어와 손짓 눈짓에도 친절히 대답해주었다. 올해 36세라는데 아직 미혼이란다. "당신의 애인은?" 하고 묻자 그는 핸들을 두들겼다. 그는 자기 직업에 대단히 만족하고 있었으며 자기 차를 끔찍이 사랑했다. 내가 여행 중 내내 노트를 펴들고 꼬치꼬치 묻고 기록을 하자 뭐 하는 사람이냐고 물었다. 나는 고교 교사로 글을 쓰는 사람이라고 했더니 눈을 둥그렇게 뜨고 반기면서 엄지 손가락을 치켜세우며 "넘버 원!"이라고 했다. 이 나라에서는 음악을 하거나 글을 쓰는 이를 최고 지성인으로 대접해주는 것 같았다.

나는 틈틈이 운전석 옆으로 내려가서 그의 능숙한 운전 솜씨를 즐기면서 서툰 담소를 나누었다. 그는 아우토반이 텅 비어 있는데도 절대로 시속 100킬로미터를 넘기지 않았다. 승용차는 무제한 속도로 달릴 수 있지만 손님 안전을 위해 관광버스는 시속 100킬로미터를 넘길 수 없다는 교통법규 때문이라고 했다. 교통경찰이 없는 곳에서도 철저하게 교통법규를 지켰다. 자기도 1988년 서울올림픽 때 한국에 갔는데, 코리아 케첩(고추장)을 빵에 발라먹다가 'very hot'해서 혼났다면서 혀를 내두르며 고개를 절레절레 흔드는 모습이 어린애같이 순진했다. 그는 틈나는 대로 자기 차를 점검하며 안팎을 닦았다.

서구인들은 무슨 직종에 종사하건 자기 직업에 최선을 다하면서 만족해한다. 정말 직업에 귀천이 없는 사회로 1년 가운데 11개월은 열심히 일하고 나머지 1개월은 휴가를 즐기는, 일과 휴가에서 인생의 보람을 찾는 철저한 직업인들이었다. 그네들은 학벌보다는 실력을 가장 우선하고 기능장인 마이스타를 최고의 명예로 여긴다. 마이스타는 단순한 전문가가 아니라 기술 이외의 관련 분야 전문가를 만나도 실력과 인격, 교양이 뒤떨어지지 않는 정상인頂上人을 의미한다. 그래서 그네들은 무슨 일에 종사하든 기본 교양을 갖추었다. 나는 헬무트 씨의 얼굴을 바라보며 우리나라 관광버스 기사 얼굴을 떠올렸다. 남산 소월로를 지나면서 김소월의 '산유화'를 승객들에게 들려줄 분이 몇 분이나 있을까 하는 생각도 가져보았다. 시간에 쫓긴다면서, 팁이 적다고 난폭 운전은 하지 않는지, 승객 취향에는 아랑곳하지 않고 뽕짝이나 마구 크게 틀어놓고 자기 혼자 즐기지나 않는지.

너희는 앞으로 무슨 일에 종사하든 폭넓은 교양을 가지도록 노력하라. 앞으로의 사회는 철저한 전문인인 동시에 풍부한 교양을 갖춘 사람이 성공을 하고, 또 그런 사람이 더 사랑을 받는다. "교양이란, 사람이 그의 전 인간성과 그의 생활 실천에 있어서 내적 외적으로 그가 가지고 있는 모든 종류의 역량이 될수록 완전한 발달과 통일에 도달하고 표현하는 곳에서만 있을 수 있다"고 김진섭은 〈교양에 대해서〉에서 말하고 있다. 교양을 쌓는다는 것은 단순한 지식의 습득만은 아니다. 다방면에 걸친 풍부한 지식과 함께 훌륭한 인격, 깔끔한 매너가 한데 어우러질 때 교양 있는 사람이 될 수 있다.

너희는 무슨 일을 하든지 교양인이 되어라. 지식과 교양이 없는 사람은 광택이 없는 거울과 같다.

4
하늘이 알고 땅이 알고

하늘이 알고 땅이 알고

못난이

인생의 멋과 향기

현명한 어부

고독의 효용

다산이 두 아들에게 준 글

하늘이 알고 땅이 알고

비밀은 없다

이 세상에 비밀은 없다. 어떤 비밀이고 나중에 드러나지 않는 게 거의 없다. 비밀을 만들어 지니고 있는 그 자체가 불행의 씨앗이 되며, 남의 비밀을 훔쳐 알고 지내다가 그것이 화근이 되어 패가망신하거나 목숨을 잃은 일은 부지기수다. 그 옛날 높은 시청률로 매주 한 차례 방영된 바 있는 '형사 콜롬보'는 범죄자가 완전범죄가 되도록 치밀하게 범행을 저지르지만 낡은 버버리 코트 차림에 약간 어벙한 콜롬보 형사는 그 진상을 한 꺼풀씩 벗겨 마침내 진범을 귀신같이 잡아냈다. 또, 사극을 보노라면 왕과 왕비가 구중궁궐 은밀한 침실에서 나눈 얘기조차도 후세에 낱낱이 전해지고 있다. 물론 작가가 다소 허구화했을 테지만, 아무리 가까운 사이에 나눈 밀담도 세월이 지나면 대부분 드러나기 마련이다.

비자금을 한두 사람만 알고 몰래 가명으로 또는 남의 이름으로 감춰 뒀다가 그것이 탄로 나서 도덕적으로 치명상을 입고 교도소에서 곤욕까지 치른 전직 대통령들이 있다. 대통령을 지낸 사람조차도 그러한데 보통 사람들이야 떳떳지 못한 재물을 몰래 감춰 뒀다가 뒷날 들통이 나서 망신을 당한 사람이 어디 한둘이겠느냐.

《후한서》에 나오는 양진이라는 사람의 일화다. 후한 시대는 환관이 활개를 치고 관료도 부패한 시대였으나 양진과 같은 고결한 인물도 있었다. 하긴 어느 때나 그랬다. 다만 그 정도의 차이뿐이다.

양진은 관서 지방 출신으로 박학다식하고 청렴결백한 사람으로 당시 사람들은 그를 '관서의 공자'라고 했다. 그 양진이 동래군 태수로 임명되었을 때의 일이다. 양진은 부임하는 도중에 창읍이란 고을의 한 여관에 묵게 되었다. 그러자 그날 밤늦게 창읍현의 현령 왕밀이 남모르게 여관으로 양진을 찾아왔다.

"태수님, 반갑습니다. 형주에서 저를 이끌어주셨던 왕밀입니다."

"오오, 반갑소. 오래간만이구려."

양진은 왕밀을 기억했다. 양진이 전에 형주 감찰관을 지낼 때, 그의 학식을 아껴 무재茂才로 올려준 적이 있었다. 두 사람은 옛 이야기로 즐거운 시간을 보냈다. 이야기가 한창 무르익자 왕밀은 품 안에서 금 열 근을 슬그머니 꺼내고는 양진에게 건넸다. 양진은 온화하면서도 단호하게 거절했다.

"나는 옛 친구인 그대의 학식과 인물을 뚜렷하게 기억하고 있네. 그런데 그대는 내가 어떤 사람인지 잊어버렸나?"

"아닙니다, 태수님. 태수님이 얼마나 고결한 분이라는 걸 저는 뼈에 새기고 있습니다. 하지만 이것은 뇌물이 아닙니다. 그저 은혜에 보답하기 위한 저의 적은 성의입니다."

"그대는 내가 생각한대로 훌륭히 성장해서 현령이 되었소. 앞으로 더욱 나라를 위해 진력하시오. 내게 대한 보은은 그것으로 족하오."

"아닙니다, 태수님. 그리 딱딱하게 생각하시지 마옵소서. 게다가 지금은 한밤중이고 이 방안에는 태수님과 저와 두 사람밖에 없어 아무도 모릅니다."

양진은 여전히 온화하고 조용하게 말했다.

"아무도 모른다고 할 수는 없지. 우선 하늘이 알고

땅이 알고 거기다 그대도 알고 나도 알고 있지 않은가."

이 말에 왕밀은 부끄러움을 느끼고 물러났다. 양진은 한층 고결한 자세를 가다듬어 이윽고 군사의 최고 벼슬인 태위太衛에까지 올랐다.

네 몫은 맨 나중에 가져라

사람은 남녀노소 지위 고하를 막론하고 돈에 약하다. 한때 잘 나가던 사람이 어느 날 갑자기 쇠고랑을 차는 일이 잦은데 그 원인은 십중팔구 돈에 눈이 어두웠기 때문이다. 돈만 보면 대부분 사람들은 이성이 마비되고 눈이 먼다.

너희가 사회에 나가 직장생활을 하게 되면 많은 어려움에 부딪히게 될 것이다. 그 가운데 하나로 업무와 관계되는 업자들로부터 돈의 유혹을 받게 되는 일이다. 그들은 간교하게 접근한다. 혈연과 지연, 학연을 내세우는가 하면 미인계를 쓰기도 하고 아예 뇌물로 매수하려고도 한다. 그런 뇌물은 공공연하게 주지 않고 은밀하게 오간다. 과거의 피치 못할 인연 때문에, 또는 아무도 본 사람이 없다고, 또는 뭉칫돈에 눈이 어두워서 순간적으로 잘못 판단한다. 일단 함정에 빠지면 헤어나기 어렵고 그 순간부터 내 코가 꿰이게 되어 그들의 하수인으로 전락하게 된다. 그들은 네게 준 뇌물의 몇 배 이상으로 자신의 이익을 챙긴다. 그게 뇌물의 속성이다. 요행히 네가 그 자리에 있을 때 드러나지 않아 모면할 수도 있다. 하지만 네가 그 자리에 물러난 후, 후임자는 네가 어떻게 처신했는지 알게 되고, 그 비행은 언제인가 드러나게 된다.

이 혼탁한 사회를 살아가는 데 무균질의 사람이 되기는 참으로 어렵다. 그런 사람은 사회에 적응하기도 어렵다. 그래서 처세하기가 참으로 어려운 일이다. 어떠한 경우라도 명분이나 너의 수고 없는 돈은 받지 말 것이며, 혹 명분 있는 돈을 받았다면(네 부서가 열심히 일하여 사장으로부터 금일봉이 네 앞으로 하사되었을 경우) 네 윗사람과 아랫사람에게 사실 그대로 보고하고 그들과 상의해서 합리적으로 처리해라. 그때도 네 혼자 미리 봉투를 뜯어본 뒤 나누어주지 말고 봉한 채로 그대로 그들에게 보인 다음 쓰고, 혹 나눠 가질 때도 네 몫은 맨 나중에 가져라. 그래야 네 상사나 네 부하직원들이 너를 신임하게 된다. 네 주머니에 넣어둔 채 나눠주면 사람들이 믿지를 않는다. 지금 우리 사회에서는 돈에 관한 한, 아버지도 자식도 믿을 수 없다는 불신감이 이만저만 아니다. 사회 전반적으로 이 뿌리 깊은 불신감을 해소하는 방법은 유리알처럼 투명하게 모든 사람이 환히 볼 수 있게 집행하는 방법이 최선의 해결책이다.

어떤 집단이 내부 분열이 일어나는 대부분은 이익금 집행자에 대한 분배의 불신과 노력에 대한 자기 몫이 적다는 불만 때문이라고 해도 지나친 말이 아니다. 주먹 세계에서도 유능한 보스는 제 몫부터 챙기지 않는다.

솔직 담박한 사람이 되라

너희는 솔직 담박한 사람이 되었으면 좋겠다. 비밀이 많거나 음흉한 사람이 되어서는 안 된다. 네 스스로 비밀을 만들거나 간직하지도 말 것이며, 남의 비밀을 들춰내는 악취미도 갖지 마라. 남의 비밀을 알고 있다는 그 자체가 불행의 씨앗이 될 수 있다. "목격자는 죽인다"고 한다. 케네디 대통령을 죽인 오스왈드도, 필리핀 지도자 아키노를 죽인 특공대원들도 모두 현장에서 사살되었다. 네가 남모르는 비밀을 간직하고 있다가 어느 날 그것이 여러 사람에게 알려질 때, 너는 모든 것을 잃을 수 있고, 또 남의 비밀을 알고 있다가 그것을 참지 못하고 발설했을 때는 큰 화를 입는다. 대체로 사람은 남의 비밀을 오래 간직하지 못하는 속성이 있다.

그리스 신화에 등장하는 미다스 왕과 이발사의 이야기다. 미다스 왕은 아폴로 신과 마르시아와의 음악 경연에서 마르시아가 이겼다고 판정을 내렸다. 그러자 아폴로는 화가 나서 네놈의 귀가 왜 그렇게 나쁘냐고 야단친 뒤 미다스 왕의 귀를 기다랗고 마구 움직이는 당나귀 귀로 변하게 했다. 그 뒤 미다스 왕은 늘 머리에 천을 두르고 자기의 흉한 귀를 감췄다. 하지만 이발사에게만은 숨길 수 없었다. 이 비밀을 누설하면 큰 벌을 주겠다고 해서 이발사는 참고 참았으나 그것이 화근이 되어 앓아눕게 되자 하는 수 없이 외딴 강가로 가서 땅속에 구멍을 파고 그 구멍 속에 입을 대고 "임금님 귀는 당나귀 귀"라고 마음껏 소리치고 나서 흙으로 구멍을 메우고 속이 후련해서 집에 돌아오곤 했다. 그런데 지난해에 죽은 갈대 뿌리 중 한 줄기가 그 구멍의 흙 속에 묻혀 있었다. 계절이 바뀌자 그 줄기에서 돋아난 갈대는 무럭무럭 자라나 바람에 날리면서 이발사의 말을 그대로 흉내 내 임금님의 귀가 당나귀 귀였음이 온 세상에 다 알려지고 말았다.

비밀은 없다. 하늘과 땅이 알고 있고 누군가가 반드시 알고 있다. 네 꾀가 많아, 네가 음흉해서 혹 한때 소수의 사람은 속일지 모르겠으나 영원히 다수의 사람은 속일 수 없고, 더욱이 네 머리 위의 하늘은 속일 수 없다. 하늘을 속이는 것은 가장 큰 죄를 저지르는 일이다. 하늘을 속이면 죽어서도 벌을 받고 이 세상에 더러운 이름을 남긴다.

너희는 공명정대한 사람이 되어라. 그러기 위해서는 비밀을 갖지 않도록 하라. 하늘이 알고 있고 땅이 알고 있는데 사람의 비밀은 숨을 곳이 없다.

못난이

남의 장단에 춤추는 사람

"남이 시장에 간다니 나도 거름 지고 나선다"라는 속담이 있다. 자기 주관이 없이 남이 하는 대로 그대로 따라서 한다는 뜻이다. 이 세상에서 가장 어리석고 못난이는 줏대 없이 남의 장단에 춤추는 사람이다.

몇 해 전, 버스를 타고 어느 중소 도시를 지나는데 은행 앞에 늘어서 있는 긴 행렬을 보았다. 무슨 일인가 옆 사람에게 물었더니 그날이 어느 국민주 청약 마감날이라서 그런다는 것이었다. 그때 청약한 사람들이 그 뒤 얼마나 큰 이익을 봤는지 모르겠지만 내 눈에는 볼썽사납게 보였다. 그동안 우리들은 그런 장면에 너무 익숙해 있다. 누군가 무엇이 좋다면, 무슨 일에 조금이라도 이익이 된다면, 신문이나 TV에 나왔다면, 이웃집 누군가 샀다면, 그래서 그 물량이 딸린다면 양심도 체면도 없다.

어느 아침, 출근길에 버스 정류장에서 몇 대의 버스를 놓치고 하는 수 없이 택시를 탔는데, 뒷좌석에 초등학교 상급 학년인 듯한 소녀가 혼자 타고 있었다. 어디를 가느냐고 물었더니 강남의 어느 학교에 간다는 것이다. 집이 어디냐고 묻자 구파발이라고 했다. 택시 기사 말이 자기 이웃에 사는 아이인데 매일 아침 자기가 등교시켜준다고 했다. 강남에 있는 중학교에 배정받기 위해 지난봄에 전학을 갔다고 한다. 구파발에서 강남이 어디라고 어린 애를 택시로 등교시키다니 내 상식으로는 도저히 이해가 안 되었다. 그 아이가 강남의 중고교에 가서 자기가 소망한 대학에 갔을지 모르겠다.

지난날, 일선 학교에서 합법을 가장한 학생들의 학군 위반 상황을 보면 요지경이다. 그래서 서울 강남의 일부 학교에서는 위장 전입자 때문에 정작 학군 내에 거주하는 학생이 다른 학군에 배정되자 학부모들이 교육청에 몰려가 항의 농성을 하고 교사들과 장학사들이 학생의 위장 전입 여부를 확인하는 촌극까지 벌어졌다. 많은 사람들이 강남으로 몰려갔지만 자녀 교육에 성공(?)했다는 후문을 별로 듣지 못했다. 그 때문에 집값을 부추기고, 그런 편법을 쓸 줄 모르는 학부모와 그도 저도 형편이 안 되는 귀가 엷은 사람들에게 마음고생만 시켰다.

이것뿐만 아니다. 고추나 마늘, 배추 농사가 금년에 흉작이라는 소문이라도 나면, 그 이전부터 꼴불견이 시작된다. 상인들은 시골로 내려가 밭떼기로 매점매석을 하고 잘난 주부들도 덩달아서 시골로 쫓아간다. 좀 둔한 주부는 도매상으로 달려가고 혹 백화점에서 고객 유인책으로 조금 싸게 판다면 새벽부터 장사진을 이룬다. 고추 마늘이 10퍼센트 부족하다면 소비자들이 10퍼센트만 아껴 먹으면 될 테고 값도 10퍼센트가량 인상되어야 하겠지만 그게 아니다. 값이 두 배 이상 치솟는다. 어느 해는 배추 한 포기가 평년의 다섯 배 이상 올라 김치가 아닌 '금치'로 불린 해도 있었다. 보다 못해 정부에서는 가장 손쉬운 대책으로 외국에서 수입을 해온다. 그러나 싼 값에 들어온 외국 농산물이 국산으로 둔갑해서 못된 상인만 배불리고 선량한 서민들은 이래저래 골탕만 먹는다. 그리고 이듬해는 과잉 생산으로 남아돌아 국산 농산물은 밭에서 썩어가고 수입 농산물은 창고에서 썩어난다.

어디 이런 일들이 한두 군데뿐이며 어제오늘 일일까. 해방 후, 이 나라에는 바람 잘 날이 없었다. 밀수바람, 춤바람, 증권바람, 치맛바람, 과외 열풍, 부동산 바람, 골동품 바람……. 나라야 어찌 됐건 우르르 몰려들고 단맛이 다하면 썰물처럼 사라진다. 그리고는 다시 다른 바람에 휩쓸린다. 줏대 없이 남의 장단에, 조그만 자기 눈앞의 이익에 춤추는 추한 군상 행렬이 꼬리를 물고 있다.

부화뇌동하지 말라

집시나 유목민을 빼고 세계 어느 나라 사람들이 해방 후 우리나라 사람처럼 거주지를 옮겨 다닐까. 주택은 거주가 목적이 아니고 투기의 수단으로서 푼이라도 남으면 미련 없이 팔고 떠난다. 어느 해 통계를 보니 해마다 20퍼센트 이상 거주지를 옮긴다는데 그 때문에 생기는 물류비용과 거기에 따르는 기타 비용을 따져볼 때 그것은 엄청난 국력의 낭비다. 또 부동산 투기 때문에 집 없는 서민은 얼마나 울었는가.

이런 추한 군상은 가시적이고 물질적인 면에만 있지 않다. 정치 사회 경제 종교 등 각 방면에 부화뇌동하는 무리가 들끓고 있다. 사이비 애국자를 애국자로 떠받들면서 진짜 애국자를 죽이거나 감옥에 보내다가 나중에서야 권력이 없어졌다는 것을 알고 난 다음에는 언제 그랬냐는 듯이 다른 이보다 더 심하게 밟아버리고 또 다른 사이비 애국자 앞에서 춤을 춘다. 물론 부화뇌동을 충동질하거나 조작하는 사람은 나쁜 사람이다. 그에 못지않게 앞뒤 생각 없이 거기에 놀아나고 춤추고 그 판에 자기 이익만 챙기면서 진실을 왜곡하는 무리도 나쁘다. 아니 이른바 배웠다는 사람이 시비선악도 가릴 줄 모르고 날뛰는 것은 원인을 제공하는 교활한 자보다 더 나쁘다. 그렇게 놀아나고 춤추는 자가 있기에 교활한 자가 진짜 행세를 하고 계속 가면을 바꿔가며 명맥을 유지해간다.

아버지가 오늘까지 살아오면서 이런 일들을 여러 곳에서 숱하게 목격해왔다. 자기는 별로 정직하지 않으면서도 대단히 정직한 양, 자기 윗사람이나 동료를 부정하다고 언저리 사람들에게 슬며시 흘리거나 충동질한다. 그러고는 슬그머니 꼬리를 감춘다. 그러면 부화뇌동하는 무리들은 사실 확인도 하지 않고, 양편의 언행에 시비선악도 미처 가리지 않은 채 마구 날뛴다. 나중에 진실이 드러나도 모른 채 눈감아 버린다든지, 아예 진실 자체에 대해서 별 흥미도 없다. 단지 남을 헐뜯고 자기 몫이 적다고 불평하고 남의 허물만 들추면서 주관도 의리도 없이 하루하루 적당히 살아간다. 부화뇌동하는 사람은 좀 많이 배우고 조금 덜 배운 것과 관계없고 부귀 빈천과도 별로 관계없다. 그런데 더 큰 문제는 이런 자들이 나라나 사회의 지도자 자리에 있고, 또 이들은 부화뇌동하는 무리를 좋아한다는 데 있다. 하긴 해방 후 올바른 역사관을 가지고 나라와 겨레를 사랑했던 진짜 지도자가 몇이나 있었느냐.

아들아, 네가 중학교 2학년 때 담임선생님이 네 인물평을 '선비 같다'고 했다는 얘기를 어머니에게서 들었다. 담임선생님이 학부모에게 학생의 좋은 점을 듣기 좋은 말씀으로 한 말이겠지만, 아버지는 그 얘기를 가장 좋아하며 앞으로 그런 사람이 되기를 바란다. 왜냐하면 우리의 선비 정신만이 부화뇌동을 막는 지름길로 생각하기 때문이다. 지금이 어느 시대인데 선비 얘기를 하느냐고 펄쩍 뛸지 모르겠으나 이 시대에 가장 필요한 덕목은 우리의 옛 선비 정신을 현대 감각에 맞게 되살리는 일이다.

"군자는 화합하나 뇌동하지 않고, 소인은 뇌동하나 화합하지 않는다(君子和而不同, 小人同而不和)."

이는 〈논어〉의 '자로' 편에 나오는 공자의 말씀으로 내가 좋아하는 글이다. 내 비록 실천에 옮기지는 못한다만 너에게 꼭 이 말을 전하고 싶다.

인생의 멋과 향기

취미생활은 삶의 여유다

우리 학교 한 선생님은 다른 어느 분보다 일찍 출근하신다. 그분은 이따금 학생들이 등교하지 않은 이른 시간이나, 학생들이 하교한 늦은 시간에 빈 교실로 가서 악보를 펼치고선 클라리넷을 연주한다. 그분이 가장 많이 연주하는 곡은 'My Way'로, 나도 그 노래를 무척 좋아하기에 때로는 그 선율에 따라 흥얼거린다. 그 선생님은 여러 곡을 연습하면서 사람은 늙을수록 취미생활을 해야 된다고 강조했다. 나는 "퇴직 후 밤무대에 나갈 준비 하시오?"라고 농담하고선 함께 웃었다. 나는 너희에게 이렇게 말하고 싶다. "자신의 전문 직업 외에 반드시 한두 가지 취미생활을 가져라"고.

1차 대전 때는 영국의 해상(海相, 해군 장관)으로, 2차 대전 때는 영국의 수상으로, 연합국을 승전으로 이끈 20세기 최고의 지도자인 윈스턴 처칠은 군인이요 정치가였다. 뿐만 아니라 그는 글솜씨도 뛰어나 1953년에는 《제2차 세계대전》이란 저서로 노벨문학상을 수상했다. 특히 그림 그리기는 그의 성품에도 큰 영향을 끼쳐 인내심과 끈기를 길러주었고 생활에 여유를 가져다주었다. 그 인내심과 여유가 영국 국민들에게 신뢰와 안도감을 줘 전쟁을 승리로 이끌게 한 원동력이 되었다. 죽을 때까지 입에서 뗄 줄 몰랐던 담배, 영국 국민에게 희망을 안겨줬던 V 사인, 그리고 "내가 바칠 수 있는 것이라고는, 다만 피와 노고와 눈물과 땀뿐이다"라는 유명한 연설을 남긴 처칠의 멋있는 삶에서도 다양한 취미생활이 개인적으로나 국가적으로 얼마나 소중한가를 알 수 있다. 그는 취미생활에 대해 말한바 "취미생활은 삶에 여유를 주고, 특히 노년일수록 필요하다. 늘그막에는 취미생활을 익힐 수 없다. 젊은 시절부터 익혀야 한다"고 강조했다.

널리 알려진 일화로, 알베르트 슈바이처는 의사였지만 파이프오르간 솜씨가 매우 뛰어났다. 그분은 그 덕분에 생애에 많은 도움이 되었다. 한가한 시간에는 바흐의 곡을 연주하면서 무료함을 달랠 수 있었고, 아프리카 오지에서 마음이 울적할 때나 답답할 때는 건반을 두드림으로써 마음의 평정을 얻었다. 특히 전문 연주가 못지않은 오르간 솜씨로 아프리카 흑인을 돕기 위한 자선음악회를 열어 숙원 사업이던 병원까지 지을 수 있었다.

스트레스를 술로 풀지 말라

취미생활은 삶의 여유요, 인생의 멋이며 향기다. 현대인에게 취미생활은 꼭 필요하다. 너희는 학교를 졸업하고 사회에 나가면 직장생활을 하거나 사업을 하게 될 것이다. 특히 처음 직장생활을 하게 되면 층층시하 윗사람도 많고 경쟁 관계에 있는 동료 직원도 많다. 그래서 인간관계로, 업무관계로 여러 가지 스트레스를 받는다. 그 스트레스를 푸는 방법으로 취미생활을 갖는 게 가장 좋다.

흔히들 직장에서 스트레스를 받으면 퇴근 때 동료들과 어울려 대폿집에서 독한 술을 마시면서 스트레스를 준 윗사람이나 동료를 안줏감으로 삼는 일이 비일비재하다. 그러한 방법은 떳떳하지도 못할 뿐 아니라 더 큰 후유증을 낳는다. 술에 취해 남을 헐뜯고 욕하는 일은 그 순간은 통쾌할지 몰라도 술이 깨고 나면 자기가 뱉은 말 때문에 오히려 괴로워진다. 또 직장 동료란 결정적인 순간에는 자기 이해에 따라 움직이는 경우가 많다. 술자리에서 함께 상사와 동료를 헐뜯고 욕해놓고는 — 어떤 때는 먼저 술자리를 마련해놓고 — 자기가 한 말은 쏙 빼고 내가 한 말은 앞뒤는 잘라버리고 어느 일부분만 그대로 윗사람이나 동료에게 전달해 상대를 궁지에 몰아넣는 비겁한 이도 더러 있다. 심지어는 몰래 녹음까지 해서 상사에게 전달하는 밀정 같은 이도 있다. 그럴 때 너희는 더욱 배신감으로 괴로워지고 직장이 싫고, 사람까지도 혐오스러운 깊은 수렁에 빠지게 된다.

너희도 얼마 있으면 결혼을 할 테고 한 가정의 가장이 될 것이다. 그리고 아버지, 어머니도 될 것이다. 자녀들이 가장 싫어하는 아버지는 날마다 밤늦게 술에 취해 돌아오는 모습이다. 그들도 아버지가 직장생활에 힘들어 그 괴로움을 잊고자 약주를 드는 걸 한편 이해하면서도 술에 찌든 아버지, 사회생활에 나약한 아버지를 몹시 안쓰러워한다. 자녀만 그런 게 아니다. 너의 아내는 더할 것이다. 자식은 그래도 핏줄을 나눈

혈연이지만 부부관계는 돌아서면 남이다. 요즘 아내들은 옛날 할머니 세대처럼 주정뱅이 남편의 주사를 들어주며 자기를 희생하지 않는다. 하찮은 이유로도 걸핏하면 이혼하는 세태다. 앞으로는 이런 풍조는 더욱 심하면 심했지 덜하지는 않을 것이다. 다행히 천사 같은 부인, 양 같은 자녀를 만났더라도 직장에서의 스트레스를 술로 풀지 마라. 습관적인 음주와 과음은 알코올 중독자가 되기 쉽고, 간경화라든지 위암 등 건강에 치명적인 발병의 요인이 된다. 내가 알았던 많은 사람들이 죽음 직전의 병상에서 고백한바, 당신 직장생활의 스트레스를 혼자서 속으로만 삭이고, 또는 술로 풀다가 큰 병을 얻었다고 몹시 후회하는 걸 보았다. 거듭 말하거니와 스트레스를 술로 풀지 마라.

사람이 살아가는 동안은 즐거운 일만 있는 게 아니다. 어쩌면 뜻대로 안 되고 괴롭고 짜증 나는 일이 더 많을지도 모른다. 가정생활도 그렇고, 직장생활도 마찬가지다. 그럴 경우, 그 괴롭고 짜증나는 일에서 헤어나지 못하고 거기에 빠져 버리면 그 때문에 병이 되거나 앞으로 인생이 뒤틀려버리기 쉽다. 그 괴롭고 짜증 나는 일에서 헤어나는 가장 좋은 방법은 너만의 취미생활에 몰두하는 것이다. '세월은 약'이란 말은 참으로 명언이요, 맞는 말이다. 시간이 흐르면 괴롭고 짜증 나는 일은 언제 그런 일이 있었는지 모르게 다 해결된다. 어느 정도까지 해결되느냐고? 너와 네 언저리 사람들의 모든 일이 까마득한 옛 일이 되고, 심지어 너뿐 아니라 그 일을 기억하는 사람조차도 이 지상에서 모두 사라지게 한다.

취미생활이란 거창한 것만이 아니다. 선천적으로 타고난 뛰어난 솜씨를 가진 사람은 그야말로 행복한 사람이겠지만 취미생활은 후천적으로 얼마든지 계발할 수 있다. 취미생활은 굳이 프로일 필요는 없다. 아마추어리즘이면 족하다. 그것을 즐기는 그 자체가 생활에 윤활유이니까.

건전한 취미생활을 하라

그럼, 어떤 취미생활이 좋을까. 그것은 네 스스로 취향에 맞는 걸 터득해서 가져라. 그림을 그린다든지 글씨를 쓰는 조용한 취미생활도 좋고, 테니스를 치거나 등산을 하는 활동적인 취미생활도 좋다. 화초를 가꾸거나 동물을 기르는 취미도 좋고, 바둑을 두거나 영화를 감상하거나 사진을 찍는 취미도 좋다. 또 주말마다 배낭을 메고 여행을 떠나는 취미도 좋고 낚싯대를 챙겨서 강이나 바다를 찾는 일도 심신을 닦을 수 있는 좋은 취미다. 단 퇴폐적이고 향락적인 취미는 다른 이들로부터 지탄을 받게 되고 너를 파멸로 몰아넣는다. 또, 카지노에 출입하거나 경마에 빠지거나 화투나 트럼프에 빠지는 사행 취미이거나 분수에 넘치는 취미생활은 파산을 몰고 올 테니 정말 삼가도록 하라. 네 심신에 좋고 분수에 맞는 고상한 취미생활은 얼마든지 많다.

내가 독일 기행에서 보고 들은 그들의 취미생활에 대한 이야기를 들려주겠다. 독일에는 승용차들이 무제한 속도로 달릴 수 있는 아우토반이란 고속도로가 있다. 한때 독일 행정 당국이 대형 교통사고를 줄이는 방안으로 속도 제한을 추진하다가 반대 여론에 취소를 했다. 그 이유인즉, 독일인 중 많은 사람은 자동차운전이 취미생활인데 그 취미생활을 제약한다면 사회적으로 다른 쪽에 더 큰 후유증이 생길지 모르기 때문이었다고 했다. 프랑크푸르트 교외에는 일정한 크기의 농장이 많았다. 그 농장에는 주로 정년퇴직자들이 많이 몰려 산다. 그들은 노후의 취미생활로 과수를 재배하고 채소를 가꾼다. 대체로 독일인들은 여가 시간이면 대부분 집 단장이 취미라는데 간단한 집수리와 페인팅은 주말에 집안 식구들 스스로 해결한다. 또 그들은 개를 무척 좋아해서 이른 아침 개와 산책하면서 이웃들과 아침 인사를 나누고 개 이야기로 하루를 시작하고 남의 집 개를 욕하면 원수지간이 될 만큼 여가 시간을 개와 즐긴다. 그들은 건전한 취미생활로 여가를 즐기며 직장에서의 스트레스를 해소할 뿐 아니라 사회 전체를 건강하게 만들고 있다.

몇 해 전, 전 문공부장관이었던 윤주영 씨가 그동안 취미생활로 찍은 사진을 한자리에 모아 전시회를 가진 바 있었다. 공직생활 중, 퇴직 후 지구촌 곳곳을 다니며 틈틈이 찍은 작품들이었다. 그분은 해외출장을 나가면 요즘 일부 공직자들이 골프나 쇼핑으로 일으킨 물의를 빚지 않았으리라 생각된다. 그분의 작품을 감상하면서 바쁜 공직생활 가운데도 풍류의 멋을 가졌던 마음의 여유에 감명을 받았다.

건전한 취미생활을 하라. 그러면 앞으로 네가 사회생활을 할 때 훨씬 마음의 여유와 생활에 활력이 된다. 네 일이 잘 풀리지 않을 때, 사람의 일로 몹시 속이 상할 때는 하루 이틀 모든 걸 훌훌 털어버리고 여행을 떠난다든지 낚싯대를 메고 강이나 바다로 가라. 아니면 음악에 심취하든지, 독서나 바둑 삼매경에 빠져도 좋다. 스트레스를 가족에게 푼다든지 혼자서 꽁꽁 앓는다면 가정불화나 발병의 원인이 된다. 마땅한 취미가 없다면 네 마음이 답답하고 괴로울 때는 가까운 산이라도 올라라. 산 정상에서 인간 세상을 내려다보면 마음이 확 풀리고 좁은 세상에서 아옹다옹했던 지난 일이 별것 아니라고 웃어넘길 수 있다. 만일 사람 때문에 속이 상했거든 그 사람의 처지에서도 한번 생각해보라. 그러면 훨씬 네 마음이 편해지리라. 그래도 안 풀리거든 허공을 향하여 고함을 질러라. 산길을 내려오는 너의 발걸음은 한결 가뿐할 것이다.

건전한 취미생활을 하는 사람이 많이 모인 사회일수록 좋은 사회요, 건강한 사회, 문화 사회, 선진 사회다. 아버지의 말을 흘려듣지 말고 지금부터라도 하나의 취미를 체득하라. 취미생활은 네 인생을 보다 풍요롭게 하리라. 그렇다고 네 전문 직업보다 취미생활에 더 빠져서는 안 된다.

현명한 어부

물색없이 돈을 뿌린 재벌의 아들

"술과 친구는 오랠수록 좋다"고 했다. 초등학교를 졸업한 지 40년이 넘었건만 고향 친구들이 죽마고우들을 잊지 못해 동창회 모임을 구미 금오산 기슭에다 마련했다. 그래서 오랜만에 귀향길에 올랐다. 서울을 떠난 새마을호 열차는 미처 세 시간도 안 돼 고향역에 내려 주었다. 그새 고향 길은 시간으로 절반이나 단축돼 있었다. 나는 역 광장에서 심호흡을 하며 지난날과 다른 고향의 풍물들을 기억 속의 고향과 대조해보았다.

내가 고향을 떠날 때만 해도 고향에는 한국전쟁의 잔재가 덕지덕지 마마자국처럼 을씨년스러웠는데 지금 눈앞에 펼쳐진 고향의 모습은 전쟁의 참상도, 초가집도, 진흙길도, 잡초도 보이지 않는 아스팔트 길에 빌딩이 즐비한 도시로 마치 고향이 아닌 타향의 어느 낯선 도시를 찾은 착각이 들었다. 다만 변함없는 것은 창공에 우뚝 솟은 금오산만이 옛 모습 그대로다. 지난날 내 고향 구미는 보통 급행 열차마저 외면하던 한촌(閑村, 한적한 마을)이었는데, 5·16 쿠데타 후로는 '박정희 대통령의 고향'으로, 얼마 후는 신흥 공업도시로, 이제는 전 국민의 귀에 익은 '한국의 실리콘 밸리'로 불릴 만큼 불과 30년 만에 면 소재지에서 활기찬 도시로 승격된 곳이다. 그야말로 우리나라 도시 발달사에 초고속 성장 도시로 기록될 만큼 상전벽해의 고장이 되었다.

동창회에서 친구들의 주된 화제는 그새 변한 고향 얘기, 땅값 상승으로 누가 돈 벌었다는 얘기, 부모가 남긴 자갈밭이 금싸라기 땅이 돼서 형제간에 갈등을 빚는다는 얘기 등, 우리나라 신흥 도시 어디서나 흔히 들을 수 있는 얘기들이었다. 모임이 끝난 후 몇몇 친구와 더불어 금오산 채미정 앞뜰에서 맥주잔을 기울이고 있는데 새빨간 외제 스포츠카 한 대가 잽싸게 지나갔다.

화제가 자연스럽게 그 차주에게로 옮아갔다. 고향에 사는 친구들은 그가 요즘 고향에서 가장 잘나가는 청년으로 엄청난 재산을 축적해서 돈을 마구 뿌리고 다닌다고 했다. 그의 아버지는 장돌뱅이로 〈메밀꽃 필 무렵〉의 허 생원이나 조선달과 같은 인물이었다. 그분은 한평생을 방물장수로 지낸 분으로 처음에는 봇짐을 지고, 후에는 자전거에다 잡동사니 만물을 싣고서 선산, 고아, 약목, 김천 장을 뱅뱅 돌면서 돈을 버는 대로 자갈논밭을 사 모았다. 그곳이 어느 날 갑자기 주택단지가 되고 상가가 들어서자 그 땅에다 빌딩을 세워 벼락부자가 되었다. 정작 그는 워낙 구두쇠라서 약 한 첩 제대로 쓰지 않고 돌아가셨지만, 그 아들은 아버지 덕으로 향락의 극치를 이룬 생활을 한다고 비난을 쏟았다.

나도 지난날 그 아버지의 장돌뱅이 시절은 알고 있지만, 그 뒤의 일은 전혀 모르기에 주로 듣기만 했다. 요즘 고향 땅에는 그런 젊은이들이 한둘이 아니라고 했다. 나는 그 얘기를 들으면서 만일 그 젊은이가 자기가 피땀 흘려 모은 재산이라면 저렇게 흥청망청 쓰지 않을 테고, 설사 그렇게 쓰더라도 자기가 번 돈이라면 주위 사람들이 수군거리는 비난의 도가 한결 덜 하리]라는 생각도 들었다.

한 재벌의 아들이 007가방에 만 원짜리 새 돈을 가득 담아가지고 다니면서 지방 도시 유흥가에서 팁으로 마구 뿌렸다. 그가 하도 흥청망청 물색 없이 돈을 뿌린 나머지 팁을 받은 아가씨가 그 사람이 혹 간첩이 아닐까 수상히 여겨 경찰에 신고를 해서 사회의 큰 물의를 일으킨 적이 있었다. 또 몇 해 전에는 온 나라를 들끓게 하고 나라의 경제를 파탄에 몰아넣은 비리 주범의 아들과 언론사 창업주 아들이 미국 라스베이거스 카지노장에서 수십만 달러를 빌려 도박해서 다 날린 뒤 국내에서 도박 빚을 결제하는 속칭 '환치기' 수법으로 외화를 불법 유출시킨 혐의로 검거되고, 구속되었다는 보도로 시끌벅적했다.

부모들이 남긴 유산을 탕진하는 젊은이가 이들뿐이랴. 새삼 이름조차 들먹거리고 싶지 않은 무슨 무슨 '족'들의 꼴불견들이 득시글거리고 있다. 이들의 추한 꼴들은 바르게 열심히 살아가는 젊은이를 맥 빠지게 하고 나라 경제와 도덕심을 무너뜨리고 있다.

과연 나는 어떤 사람일까? 나는 형편이 안 되기에 그들처럼 호화 향락생활을 못하고 있는 건 아닌지? 누구나 한번 스스로 묻고 답해볼 일이다. 다른 이의 과소비, 향락생활에는 비난을 쏟으면서 나는 분수를 지키면서 근검절약하는지 스스로를 냉철히 살펴볼 일이다. 물론 너희는 현재 부모의 돈으로 흥청망청 할 염려는 없다. 하지만 만일 네가 그런 형편이라면 어떻게 살 것인가에 대해 한번 생각하라.

형제간의 유산 다툼

부모가 유산을 많이 남겼을 경우, 형제 자매 간의 갈등이 심한 집안이 많다. 그 유산으로 가장 중요한 동기간의 우애를 그르친다면 고깃덩이를 사이에 두고 물고 뜯는 짐승과 무엇이 다르랴.

내 초등학교 동창 중의 한 친구는 둘째 아들이었는데, 지난날 장남 우선 관습으로 형을 위해 중학교만 졸업한 후 고향에 남아 부모를 모시면서 조그마한 가게를 차려 운영해왔다. 그의 아버지는 장남의 도시 유학을 위해 논밭도 팔고 소도 팔았다. 그뿐 아니라 다른 자매들도 오직 장남을 위해 희생했다. 부모들은 당신을 봉양해준 둘째에게 미안한 나머지 고향집과 딸린 텃밭은 물려주기로 묵계가 됐고 형도 동의했다. 그 무렵에는 고향집과 텃밭은 몇 푼 되지도 않았고 형이 갖다 쓴 학비의 절반에도 못 미쳤다. 대학을 졸업한 형은 도시로 진출해서 평범한 월급쟁이가 되었다. 형제 자매들이 모두 결혼해서 새 가정도 이루고 그런대로 우애 있게 지냈다.

그러다가 고향에 개발 바람이 불었다. 둘째는 집을 늘려 세를 놓고 텃밭에도 집을 지어 점포를 냈다. 도시로 간 장남은 집 한 채 장만하지 못하고 헉헉댔다. 장남은 차마 동생에게 부모의 유산을 나누자고 얘기를 꺼내지 못했으나 부인이 따지고 나왔다. 다 같은 자식인데 유산을 공평하게 분할해 달라고. 동생은 형에게 얼마간 떼 주고 싶었으나 역시 부인이 말을 듣지 않았다. "나는 그동안 부모 모시고 갖은 고생 다했고, 당신은 형님 때문에 많이 배우지도 못했는데 이제 와서 나눠달라는 것은 염치없는 짓이다"고. 부인의 말을 들으니 그 말도 옳다. 그새 아버지는 돌아가시고 어머니는 이미 나이가 많아 뒷방 노인이 되었는데 누구 편도 들지 못하고 속만 북북 끓였다. 동생은 부모가 살아 계시므로 차마 명의이전을 해두지 않았다. 그것을 안 형수는 법대로 하자고 나왔다. 형제간의 재산 다툼이 법정에 갈 처지였다.

내 백이 제일이다

이 세상을 살아가는 데 제일 중요한 것은 '나'이다. 곧 내 '백'이 제일이다. 부모가 아무리 유능하더라도 항상 나의 보호막이 될 수는 없다. 언젠가는 부모도 내 곁을 떠난다. 형제도 마찬가지다. 흔히 "창업創業보다 수성守成이 더 어렵다"고 한다. 군사작전에서도 공격보다 방어가 더 어려워 통상 방어 병력을 세 곱이나 배치한다. 부모가 물려준 기업이나 재산을 지키고 유지하는 데도 네 능력이 없으면 아버지의 유업이나 유산을 보존하거나 발전시킬 수 없다.

영국 런던의 대영박물관에는 고대 문명의 발상지인 이집트, 메소포타미아, 인도, 중국의 유물뿐 아니라 오스만 튀르크(오늘날의 터키) 족에게 파괴된 그리스 아테네의 파르테논 신전을 그대로 재현해놓기도 했고 그밖에 시리아, 바빌로니아, 아시리아, 페르시아 등 귀중한 문화재를 듬뿍 소장해서 정갈하게 전시해놓고 세계인들을 불러들이고 있다. 조상이 아무리 찬란한 문화를 꽃피웠어도 그 후손이 시원치 않으면 그 문화는 파괴되거나 약탈되고 만다. 나는 대영박물관에 안치된 파르테논 신전에서 목이 달아나고 팔다리가 잘린 그리스의 유물들을 보고서 역사의 냉엄한 교훈을 읽을 수 있었다.

네 부모가 못났다고 네 부모가 유산을 물려주지 않았다고 원망치 마라. 잘난 부모를 둔 자식 가운데에는 부모의 유명세로 오히려 부담스러워 하는 경우도 많다. 전직 대통령 딸이 책을 펴낸 바 《평범한 가정에서 태어났더라면》이었다. 또 다른 전직 대통령 아들들은 5년을 주기로 똑같은 죄목으로 교도소를 드나들었다. 부모를 잘못 만나 교도소에 가는 일도 있지만, 부모를 너무 잘 만나 교도소에 가기도 한다. 부모를 잘못 둬서 교도소에 가면 동정이라도 받지만, 부모를 잘 둬 교도소에 가면 아버지 얼굴에 먹칠을 했다고 비난이 빗발친다.

이런 일은 우리나라에서만 있는 일은 아니다. 소련 통치자 스탈린의 장남은 총으로 자살을 기도했고, 차남은 알코올 중독자요, 외동딸 내외는 시베리아에 유배당했다. 인도의 국부國父 간디의 장남은 아버지의 이름을 팔아 돈을 긁어모으고 이권에 빠져들었다가 알코올에 빠져 변사했다. 20세기 최대의 정치 지도자로 손꼽는 영국 처칠 수상의 자녀도 셋은 자살하거나 알코올 중독으로 유치장 나들이를 일삼는 등, 동서고금 유능한 인사의 자녀들은 아버지의 명성이 오히려 정상의 생활을 방해했다. 큰 나무 아래서는 작은 나무가 크게 자라기 힘드나 보다.

우리 사회의 큰 병폐의 하나는 '청탁'이다. 과거에 가장 심했던 곳이 군대 사회로, 징집영장이 나오면 일부 돈 있고 권력 있고 요령 좋은 사람들은 온갖 연줄을 다 동원해서 이 핑계 저 핑계로 미꾸리처럼 빠져나갔다. 그래도 못 빠져나가 입대하면 사돈 팔촌, 선배 등을 동원해서, 그도 저도 연줄이 안 닿으면 돈으로 병사 담당자를 매수해서 카투사KATUSA나 후방으로 배치됐다. 내가 전방에서 소총 소대장을 할 때, 학벌과 출신 도를 분류해보면 서울 출신으로 대학 재학 중이거나 졸업자는 한두 명 정도였고, 그들도 무슨 연줄이 됐든지 전입 후 한두 달 이내로 거의 빠져나갔다. 가장 중요한 전방 철책선은 돈 없고 학벌 없는 우직한 병사들이 주로 지켰다. 그래서 생긴 말이 전방에서 병사들이 죽을 때는 "백!" 하고 죽는다는 말까지 있었다.

깨끗하게 벌어서 멋있게 쓰고 가라

네 힘으로 정정당당하게 살아라. 네 힘으로 살아간다면 너는 누구한테도 떳떳할 수 있다. 그런데 돈은 버는 것도 중요하지만 번 돈을 멋있게 쓰는 일은 더 중요하다. 서구인들은 자기가 번 돈을 대부분 사회에 환원시키고 간다. 자본주의가 많은 문제점을 안고 있으면서도 그 문제점을 덮는 가장 큰 이유 중의 하나가 재산가들의 사회 환원이다.

"부富는 거름과 같아서 쌓아두면 썩은 냄새를 풍기지만 뿌려주면 많은 것들을 자라나게 한다."

가정용품 유통업체인 홈디포의 공동 창업자 케네스 랑곤이 재산을 사회에 환원하면서 했다는 말이다. 카네기, 록펠러 등도 자기가 모은 재산을 모두 사회에 환원하고 떠났다. 우리나라에도 평생 동안 김밥을 팔아 번 돈을 선뜻 장학금으로 기부한 멋진 할머니도 계신다. "자신에게는 엄격하게 남에게는 후하게" 말은 쉽지만 실천은 어려운 일이라 생각한다. 자본주의 나라에 살면서 가장 멋있는 사람은 깨끗하게 돈을 벌어서 멋있게 쓰고 가는 사람이다. 그런 사람이 많을수록 건강한 사회요 아름다운 사회다.

현명한 어부는 자녀에게 오래도록 먹을 물고기를 잡아주지 않는다. 일찌감치 물고기를 잡는 방법을 가르친다. 미국의 억만장자 조지프 제이콥스는 세 자녀에게 각각 자신의 재산 중 극히 일부인 일백만 달러밖에 주지 않았으면서도 "내가 살면서 가장 잘못한 일은 자식들에게 스스로 성공과 실패를 경험할 기회를 주지 않은 것이다"라고 후회했다.

내가 이룬 살림이 소중하다. 그것도 정당하게 내가 피땀 흘려 애써 모은 살림은 더없이 소중하다. 너희는 아버지가 잡은 물고기를 먹지만 말고 네 스스로 잡아먹도록 하라. 네가 잡은 물고기가 훨씬 맛있고 너는 물고기를 잡을 때마다 짜릿한 기쁨을 느끼게 될 것이다. 또 서양 속담에 "부정하게 번 돈은 부정하게 쓰인다"란 말이 있다. 쉽게 돈을 벌거나 부정하게 돈을 번 사람은 돈의 소중함을 모르고 함부로 써버린다. 신문지상이나 TV 화면에 비친 쇠고랑 찬 인물들은 대부분 부정하게 돈을 모아 흥청망청 쓰다가 물의를 일으킨 사람들이다. 내가 애써 벌어서 산 물건은 숟가락 하나에도 애정이 간다. 서구인들은 18세만 되면 부모로부터 독립 한다. 독립이 빠를수록 너희도, 부모도 좋다.

고독의 효용

귀양간 유배객의 마음으로

나는 현대 수필 가운데 이양하 선생의 〈나무〉를 좋아한다. 〈신록 예찬〉, 〈나무의 위의〉, 〈경이 건이〉 등 다른 작품도 애독하지만, 특히 〈나무〉를 더 좋아한다. 이 글은 한 글자라도 빼면 어딘가 빈 듯하고, 한 자를 더하면 군더더기가 될 만큼 거의 완벽한, 천의무봉(天衣無縫, 하늘의 옷은 꿰맨 흔적이 없음)의 작품이다. 이 글을 혼자 읽거나 학생들에게 가르치면서, 나도 이런 작품을 한 편 남길 수 있다면 지금 당장 죽어도 좋다는 생각을 하곤 한다. 이 글은 우리들에게 삶의 지혜와 넉넉함을 주는 글이라 어느 문단을 좋아하고 싫어함을 가릴 수 없도록 좋지만, 유독 좋아하는 한두 문단을 꼽으라면 첫 문단과 둘째 문단이요, 그중 둘째 문단이다. 나는 이 부분을 가르칠 때, 신명이 나면 이 한 문단으로 한 시간을 보내기도 한다.

나무는 고독하다. 나무는 모든 고독을 안다. 안개에 잠긴 아침의 고독을 알고, 구름에 덮인 저녁의 고독을 안다. 부슬비 내리는 가을 저녁의 고독도 알고, 함박눈 펄펄 날리는 겨울 아침의 고독도 안다. 나무는 파리 옴쭉 않는 한여름 대낮의 고독도 알고, 별 얼고 돌 우는 동짓날 한밤의 고독도 안다. 그러면서도 나무는 어디까지든지 고독에 견디고, 고독을 이기고, 고독을 즐긴다.

이 문단 중, 마지막 문장 "그러면서도 나무는 어디까지든지 고독에 견디고, 고독을 이기고, 고독을 즐긴다"라는 부분이 가장 가슴에 와 닿는다. 그러나 젊은 날에는 이 글의 참뜻을 미처 알지 못했다. 내 나이 쉰을 넘긴 후에야 비로소 알게 되었는데, 그제야 내가 이 글귀를 좀 더 미리 터득했더라면 젊은 날을 헛되게 보내지 않았을 거라는 뒤늦은 깨달음으로 아쉽기만 하다.

대부분 사람들은 고독을 괴로워한다. 그리고 그 고독을 견디지 못하고 고독에 울고 몸부림친다. 나 자신도 유년 소년 시절, 그리고 청년 시절, 이 고독에 괴로워하고 몸부림쳤다. 집안의 몰락으로 가족들이 뿔뿔이 흩어지고 나 또한 홀로 고모 댁에 살았던 중학교 시절, 낯선 객지에서 떠돌이생활을 했던 고교 시절, 어머니가 아무 말씀도 없이 곁을 떠났던 대학 시절, 그 뒤 친구의 배신, 아버지의 투옥, 가족의 죽음…. 그때마다 나는 고독에 몸부림치거나 통곡하고 때로는 독한 술을 마시기도 했고, 아무 데나 방황하기도 했다. 때로는 절망적인 고독에 죽음도 생각했다. 그야말로 게오르규의 말처럼 "고독은 이 세상에서 가장 무서운 고통이다. 어떠한 공포도 모두 함께 있다면 견딜 수 있지만 고독은 죽음과 같다"를 절감했다.

군대 시절 때도, 교사가 된 뒤로도 마찬가지였다. 부도덕한 윗사람을 만나 언저리의 사람들이 모두 그 편이 되고 나만 홀로 모난 사람으로 따돌림받았을 때, 모교에 갔다가 1년 만에 사표를 던지고 뛰쳐나와 별난 사람으로 취급당했을 때, 내 딴은 신념대로 산다고 교직원 해외연수에 불참해 직장 동료와 윗사람으로부터 삐딱한 사람으로 취급당하고는 평생직장인 교단을 정년도 채우지 않고 내 발로 뛰쳐나왔을 때…. 그때마다 나는 감정을 추스르지 못하고 괴로워했다. 그러면서 나는 서서히 그 고독에 견디기 시작했다.

전방에서 군 복무 중, 초겨울 어느 날 갑자기 캡 CAP 소대장으로 보직 명령을 받았다. 캡소대란, 대대본부의 직할 소대로 최전방 고지에 올라 주 야간 경계 근무하는 것이 주된 임무였다. 소대 병력을 이끌고 상부의 명령에 따라 전 부대와 인수인계하러 갔더니 그 부대는 첩첩산중에 있었고, 막사는 땅굴로 대낮에도 램프를 켜야 했다. 그때는 겨울철이라 오전 9시 무렵에야 떠오른 해는 오후 4시쯤이면 산마루를 슬며시 넘어버렸다. 긴 겨울밤의 시간이었다. 계곡의 물소리와 바람 소리, 뭇 산새와 들짐승들의 울부짖음이 한데 어울린 대자연의 교향악이 밤낮으로 들렸다. 낮의 산새 소리는 그런대로 운치가 있었지만 밤에 피를 토하는 듯한 소쩍새의 울음은 소름이 끼칠 만큼 무서움과 고독감을 자아냈다. 산중 막사는 민가와도 멀리 떨어진 곳이라 몇 날 며칠 군인만 있지 사람(민간인)은 도시 볼 수조차 없었다.

부대의 임무도 매우 단순했다. 주간에는 경계병을 제외한 나머지 병력들은 모두 취침을 하고 야간에는 간첩이나 무장공비들의 예상 침투 길목에 잠복 초소를 만들어 올빼미처럼 밤새워 보초를 선다. 나의 일과는 단순했다. 새벽녘에 철수하는 잠복근무 조를 맞아

군장 검사와 일조점호를 한 뒤, 상급 부대에 유선으로 이상 유무를 보고하고, 저녁식사 뒤 야간근무 조를 내보내면 하루 일과가 끝이었다. 소대원들은 막사에서 공동생활을 하기에 외로움은 덜하지만 소대 막사와 동떨어진 땅굴 막사에서 혼자 지내는 생활은 따분하기 그지없었다. 처음에는 사람이 사는 세상이 그리워서 미칠 것만 같았다. 무료한 시간이 괴로워서 막사 주변을 마구 맴돌았다. 발정한 암퇘지가 울타리를 부수고 뛰쳐나가는 그런 처절한 심정이었다. 라디오를 듣는 것도 신물이 나고 개울 물소리, 바람 소리에도 넌덜머리가 났다. 심산유곡이나 낙도로 귀양 간 유배객들의 심정도 그랬을까?

입산 수도승도 한 달이 고비라고 하더니 나도 산중 생활을 시작한 지 한 달이 지나자 그만 산 사나이가 됐다. 그렇게 지루했던 하루가 눈 깜짝할 새에 지나갔다. 아침을 먹은 다음, 소대원들과 함께 톱과 도끼를 들고 땔감을 마련하거나 진달래, 철쭉을 캐다가 소대 막사 주변에 울타리를 만들고, 산비탈을 깎아 배구장을 만들어 땀을 흘렸다. 긴 밤 시간도 금세 지나갔다. 홀로 밤을 지키며 램프를 바라보는 시간도 외롭지 않았고, 그 불빛에 책을 펼치면 이내 새벽

이 찾아왔다. 나는 마침내 고독한 시간을 견딜 수 있었다.

고독을 이기라

고독을 견디고, 이기고, 즐겨라. 물론 말은 쉽지만 그리 쉽지는 않다. 그러나 우리가 그 고독의 본질을 안다면 능히 고독은 극복할 수 있는 문제다. 왜냐하면 사람은 애초부터 고독하기 때문이다. 사람은 이 세상에 태어날 때 혼자 태어났고, 또 이 세상을 떠날 때도 혼자 떠난다. 사랑하는 부부도, 연인도, 가족도, 친구도 늘 함께 있을 수 없고 언젠가는 내 곁을 떠나고 나 또한 그들 곁을 떠난다.

사람이 산다는 것은 깊은 고독 속에 있는 것이다. 절대 고독, 그것은 사람이 벗어날 수 없는 숙명이다. 고독하다고 몸부림친들 그 고독은 해소되지 않는다. 그리고 고독을 잊고자 아무하고나 어울린다면 그때부터는 걷잡을 수 없는 나락의 길로 추락한다. "나보다 나을 것이 없고 내게 알맞은 길벗이 없거든 차라리 혼자 가서 착하기를 지켜라. 어리석은 사람의 길동무는 되지 말라"고 《법구경》에서 말하고 있다. 고독을 느낄 때는 더 깊은 고독에 빠져 들어라. 고독한 시간, 그 고독 속에 침잠(沈潛, 마음이 가라앉아서 겉으로 드러나지 아니함)할 때 오히려 그 고독을 이길 수 있고, 그 시간이 오히려 즐거워짐을 느낄 수 있다.

고독함 때문에 괴로워하지 마라. 이 세상의 위대한 예술이나 학문, 사상, 종교는 모두 고독한 시간에 이루어진 고독의 결정체다. 송강 정철의 절창 〈사미인곡〉이나 〈속미인곡〉은 송강이 벼슬길에서 물러난 뒤 전라도 창평에서 고독한 생활을 하는 가운데 이루어진 작품이요, 서포 김만중의 소설 〈구운몽〉은 남해 귀양지에서 고독의 나날을 보내며 어머니를 위해 지었다. 다산 정약용은 전라도 강진의 귀양지에서 무려 18년이라는 긴 유배생활이 있었기에 《목민심서》를 비롯한 500여 권의 저술을 남길 수 있었다. 또, 국보 180호인 '세한도'는 완당 김정희의 작품으로 제주 유배지에서 고독한 생활 가운데서도 기개를 굽히지 않으면서 세상 사람들에게 그것이 무엇인가를 보여주기 위해 붓을 휘둘렀던 것이다.

자화상을 유난히 많이 남긴 네덜란드의 빈센트 반

고흐는 생애 대부분 실의와 실연 등 좌절 속에 살았다. 그는 고독을 치유하는 방법으로 끊임없이 자기 자신에게 되물으며, 자신의 정체를 확인하고 겉모습 뒤에 숨은 실재(實在, 사물의 본질적 존재) 모습과 스스로에게 부과된 예술적 소명을 규명하기 위해 자화상을 많이 그렸다. 그래서 그의 자화상은 빼어난 작품으로 후세 사람들에게 사랑을 받고 있다.

세계 10대 소설 중 하나로 영국 문학사뿐 아니라 세계문학사에서도 독특한 위치를 차지하고 있는《폭풍의 언덕》을 쓴 작가 에밀리 브론테는 불과 30년 남짓한 짧은 생애를 독신으로 깨끔하게 살다간 고독하고 비극적인 인물이었다. 1818년, 목사인 아버지 패트릭 브론테와 어머니 머라이아 브랜웰의 6남매 중 넷째 딸로 태어났으나 그가 세 살 때 어머니가 돌아가자 대신 이모의 보살핌으로 자랐다. 엎친 데 덮친 격으로 두 언니마저 곧 세상을 떠나 브론테는 어린 시절부터 큰 비운을 맛보며 자랐다. 그가 자란 호워스 마을은 히스 꽃이 만발하면 평화스런 자연경관을 이루지만, 대개는 겨울의 혹독한 눈보라와 더불어 음습한 날씨가 계속되는 황무지였다. 이런 거친 들판의 야성미와 거침없이 몰아치는 폭풍, 자신의 병약함과 고독,

이런 배경이 한데 어울려 불후의 명작《폭풍의 언덕》이 탄생했으리라. 에밀리 브론테는 평생을 정갈하게, 고독한 운명과 고향 호워스의 아름답고 황량한 벌판을 사랑하면서 단 한 편의 소설을 위해서 살았다. 그는 자신의 고독과 불운을 작품으로 승화시킨 작가로 아침 이슬처럼 영롱하게 이 세상을 살다 갔다.

일찍이 인도의 카피라 왕국의 숫도다나 왕의 태자로 태어난 싯다르타 태자는 출가 뒤 가장 어려운 고행만을 골라 수행했다. 고행을 시작한 지 일곱 해 되던 어느 날, 홀로 숲 속에 들어가 커다란 보리수 아래에 단정히 앉았다. 싯다르타는 비장한 맹세를 했다.

"이 자리에서 육신이 다 죽어 없어져도 좋다. 우주와 생명의 실상을 깨닫기 전에는 결코 이 자리를 떠나지 않으리라."

싯다르타 태자는 평온하고 가벼운 마음으로 깊은 명상에 잠겼다. 명상에 잠긴 지 이레가 되던 날, 태자의 마음은 문득 말할 수 없는 기쁨으로 넘치기 시작했다. 이제는 두려워할 아무것도 없었다. 모든 진리가 그 앞에 밝게 드러났다. 태어나고 죽는 일까지도 환히 깨닫게 되었다. 온갖 집착과 고뇌가 자취도 없이 물거품처럼 사라졌다. 우주가 내 자신이요, 내가 우주임을 알게 된 것이다. 그리하여 마침내 부처가 되셨다. 뼈를 깎는 고행과 고독 끝에 이루어진 것이다.

고독을 즐겨라

이상에서 보듯 예술, 학문, 사상, 종교들은 모두가 깊은 고독 속에 맺어진 열매다. 너희는 고독을 괴로워하거나 피하지 마라. 고독은 나의 영혼을 살찌게 하는 귀중한 시간이다.

아버지는 요즘 고독의 시간을 갈망하고 있다. 하지만 나의 일상생활은 내게 그런 고독의 시간을 잘 마련해주지 않는다. 무슨 일이 그렇게 많고 바쁜지 매일같이 하루의 일과에 헉헉대기 일쑤다. 결혼을 하고, 가족이 늘어나고, 직장생활에 연륜이 쌓일수록 더욱 그렇다. 그러다 간혹 고독의 시간이 마련되면 그때는 내 몸이 따라주지 않는다.

젊은 날 고독의 시간은 나를 성숙게 하는 행복한

시간이다. 너희는 젊은 날의 고독을 견디고, 이기고, 즐겨라. 시인 김현승은 〈가을의 기도〉에서 고독을 이렇게 노래했다.

가을에는
호올로 있게 하소서….
나의 영혼,
굽이치는 바다와
백합의 골짜기를 지나,
마른 나뭇가지 위에 다다른 까마귀같이.

다산이 두 아들에게 주는 글

다산을 만나다

다산茶山 연구의 대가 박석무 전 국회의원 사무실에 들렀더니 《다산논설선집》과 《다산문학선집》 두 권을 친히 서명해 주셨다. 내 얕은 식견으로 어찌 '다산茶山'이란 망망대해에 거룻배를 저을 수 있겠는가. 다행히 이 책은 박석무 선생이 친절히 해설하고 원문을 쉬운 한글로 다듬었기에 틈나는 대로 쉬엄쉬엄 읽을 수 있었다.

다산 정약용丁若鏞 선생은 실학의 대가로 글 자구마다 그분의 강직한 성품과 백성을 사랑하는 마음, 서학의 과학 문명을 받아들여 나라의 번영을 이루려는 개혁 정신이 배어 있다. 하지만 그분은 조선 정조 임금 때는 다소 빛을 봤으나 정조 임금이 승하하자 곧 당쟁의 회오리에 희생돼 당신 뜻을 미처 펴지도 못한 채 마흔이던 신유년(1801)에 경상도 장기로, 그

해 다시 전라도 강진으로 유배되었다. 그 뒤 18년 동안 기나 긴 유배 생활이었으나 이 기간에 다산은《목민심서》,《상서평》,《경세유표》등 수백의 저서를 남기고 후학을 키웠다. 나는 이따금《다산문학선집》을 펼치는바, 특히 강진 유배지에서 두 아들에게 준 글에 감동을 받아서 너희에게 전한다.

두 아들에게 부치노라

근勤 · 검儉 두 글자를 유산으로

내가 벼슬하여 너희에게 물려 줄 밭뙈기 정도도 장만치 못했으니, 오직 정신적인 부적 두 글자를 마음에 지녀 잘 살고 가난을 벗어날 수 있도록 이제 너희에게 물려주겠다. 너희들은 너무 야박하다고 하지 마라. 한 글자는 '근勤'이고 또 한 자는 '검儉'이다. 이 두 글자는 좋은 밭이나 기름진 땅보다 나은 것이니, 일생 동안 써도 다 닳지 않을 것이다.

부지런함[勤]이란 무엇을 뜻하겠는가? 오늘 할 일을 내일로 미루지 말며, 아침에 할 일을 저녁으로 미루지 말며, 맑은 날에 해야 할 일을 비 오는 날까지 끌지 말도록 하고, 비 오는 날에 해야 할 일도 맑은 날까지 끌지 말아야 한다. 늙은이는 앉아서 감독하고 어린 사람들은 직접 행동으로 어른의 감독을 실천에 옮기고, 젊은이는 힘든 일을 하고, 병이 든 사람은 집을 지키고, 부인들은 길쌈을 하기 위해 한밤중이 넘도록 잠을 자지 말아야 한다. 요컨대, 집안의 어른 아이 남녀 단 한 사람도 놀고먹는 사람이 없게 하고 또 잠깐이라도 노는 시간이 있어서는 안 된다. 이런 걸 부지런함이라 한다.

검儉이란 무얼까? 의복이란 몸을 가리기만 하면 되는 것인데, 고운 비단으로 된 옷이야 조금이라도 해지기만 하면 세상에서 볼품없는 것으로 되어 버리지만 거칠고 값싼 옷감으로 된 옷은 약간 해진다 해도 볼품이 없어지진 않는다. 한 벌 베옷을 만들 때마다 앞으로 계속 오래 입을 수 있을지 없을지를 생각해서 만들어야지 곱고 아름답게 만들어 빨리 해지게 해서는 안 된다. 생각이 이 정도에 미쳐 옷을 만들게 되면 당연히 곱고 아름다운 옷을 만들지 않고, 투박하고 질긴 것을 고르지 않을 사람이 없게 된다. 또한 음식이란 목숨만 이어 가면 되는 것이다. 아무리 맛

있는 고기나 생선이라도 입안으로 들어가면 곧 오줌이나 똥이 되어 버린다.

사람이 하늘과 땅 사이에 사는 데 있어 귀중한 것은 성실성이니 전혀 속임이 있어서는 안 된다. 하늘을 속이면 가장 나쁜 일이고, 임금이나 어버이를 속이거나 농부가 같은 농부를 속이고 상인이 동업자를 속이면 모두 죄를 짓게 되는 것이다. 단 한 가지 속일 수 있는 것이 있다면 그건 자기의 입과 입술을 속이는 일이다. 아무리 맛없는 음식도 맛있게 생각하여 입과 입술을 속여서 잠깐 동안만 지내고 보면 배고픔은 가셔서 주림을 면할 수 있을 것이니 이것이 좋은 방법이 된다.

올여름에 내가 다산茶山에서 지내며 상추 잎으로 밥을 싸서 덩이로 삼키고 있을 때, 손님이 지켜보고는 "상추 잎으로 싸 먹는 것과 절여서 먹는 것은 차이가 있는 겁니까?"라고 묻기에, 내가 "그건 사람이 자기 입을 속여먹는 법입니다"라고 말하여 적은 음식을 배부르게 먹는 방법에 대하여 이야기해 준 적이 있다. 어떤 음식을 먹을 때마다 이러한 생각을 지니고 있어야 하며, 맛있고 기름진 음식만을 먹으려고 애써서는 결국 변소에 가서 대변보는 일에 정력을 소비할 뿐이다. 이러한 생각은 당장에 어려운 생활 처지를 극복하는 방편이 될 뿐만이 아니라, 귀하고 부유한 사람 및 복이 많은 사람이나 선비들의 집안을 다스리고 몸을 유지해 가는 방법도 된다. 근과 검, 이 두 글자가 아니고는 손을 댈 곳 없는 것이니, 너희들은 간절히 명심하도록 하라.

재물은 메기와 같다

이 글은 두 세기 전에 쓴 글이라 오늘날에는 맞지 않은 부분도 없지 않아서 너희가 그 말씀대로 따르라고 말하고 싶지는 않다. 하지만 그 말씀의 밑바탕은 한번 새겨 볼 가치가 있다고 여겨진다.

강진 귀양지에서 다산은 이 밖에도 두 아들 학연, 학유에게 여러 편의 글을 주었는데, 폐족 집안 자식으로서 처신과 아울러 사람으로서 도덕적인 품위를 지키면서 살아가는 길을 그들에게 가르쳐 주고 있다. 전문을 다 옮길 수 없어서 그 요지만 전하고자 한다.

◆ 친구를 사귈 때는 가려라. 무릇 천륜에 야박한 사람은 가까이해서도 안 되고 믿을 수도 없다. 이들은 끝내는 은혜를 배반하고 의리를 잊어 먹고 아침에는 따뜻하게 대해 주다가도 저녁에는 차갑게 대해 주고 만다. 그들이 부모 형제를 그처럼 가볍게 버리는 데 벗들에게 어떠하리라는 것은 쉽게 알 수 있는 이치이다.

◆ 임금을 섬기는 방법에는 임금의 존경을 받아야지 임금의 총애를 받는 사람이 되는 게 중요치 않다.

◆ 세상의 옷이나 음식, 재물 등은 모두 부질없는 것이고 쓸데없는 것이다. 옷이란 입으면 닳게 마련이고 음식은 먹으면 썩고 만다. 또 재물은 자손에게 전해 준다 해도 끝내는 탕진되거나 흩어지고 만다. 다만 가난한 친척이나 벗에게 재물을 나누어준다면 영원히 없어지지 않을 것이다. 무릇 재물을 비밀리에 숨겨 두는 방법은 남에게 베풀어 버리는 방법보다 더 좋을 게 없다. 남에게 재물을 베풀어 버리면 도적에게 빼앗길 걱정이 없고, 불이 나서 타 버릴 걱정이 없고, 소나 말로 운반하는 수고도 없다. 그리하여 자기가 죽은 후에 꽃다운 이름을 천 년 뒤까지 남길 수도 있어 자기 몸에 늘 재물을 지니고 다니는 격이니 세상에 이처럼 큰 이익이 있겠느냐? 재물이란 꽉 쥐면 쥘수록 더욱 미끄러운 것이니,

재물이야말로 메기 같은 물고기라고나 할까?

◆ 무릇 하늘이나 사람에게 부끄러운 짓을 아예 저지르지 않으면 자연히 네 마음이 넓어지고 네 몸이 안정되어 호연지기가 저절로 우러나온다. 만약 베 몇 자, 동전 몇 닢 정도에 잠깐만이라도 양심을 저버린 일이 있게 된다면 이것은 너희의 기상을 쭈그러들게 하여 정신적으로 위축을 받게 되나니 간절히 주의토록 하여라.

◆ 폐족(廢族, 조상이 큰 죄를 짓고 죽은 자손)도 성인이나 문장가가 될 수 있다. 오직 독서만이 살아 나갈 길이다. 무릇 독서할 때, 도중에 의미를 모르는 글자를 만날 때마다 널리 고찰하고 세밀하게 연구하여 그 근본 뿌리를 파헤쳐 글 전체를 이해할 수 있어야 한다. 날마다 이런 식으로 책을 읽는다면, 한 권의 책을 읽더라도 수백 권의 책을 엿보는 것이다.

◆ 모름지기 실용의 학문, 즉 실학에 마음을 두고 옛사람들이 나라를 다스리고 세상을 구했던 글들을 즐겨 읽도록 해야 한다.

◆ 나라를 근심하는 내용이 아니면 시詩가 아니다. 세상을 걱정하고 백성들을 불쌍히 여겨서 항상 힘없는 사람을 구원해 주고 가난한 사람을 구제해 주고자 방황하고 안타까워서 차마 내버려두지 못하는 간절한 뜻을 가진 다음이라야 시가 된다.

내가 옮긴 글 밖에도 좋은 말씀이 많다만, 너희가 한꺼번에 너무 많이 취하면 소화가 안 될 것 같아 이만 줄인다. 오늘 내가 뽑은 글 가운데에 한두 문장이라도 네 마음에 감동한 바가 있어 큰 깨달음이 있다면 아버지의 수고는 보람이 있는 것이다.

5
시간과 돈

우리나라 좋은 나라
친구
감사하는 마음
유행에 대한 작은 생각
메모하는 자가 앞서간다
시간과 돈

우리나라 좋은 나라

마냥 부러워했던 미국

나는 한국전쟁이 한창 중인 1952년에 초등학교에 입학했다. 내 고향 경북 구미는 남쪽 지방이라 그 무렵은 전투 지역은 아니었지만 한 차례 모진 전쟁의 회오리가 할퀴고 간 곳이었다. 당시 구미는 낙동강 강가의 조그마한 면 소재지로 미군 전투기의 융단폭격 때문에 성한 건물은 없다시피 온통 잿더미였다. 우리들은 학교에 입학은 했으나 교실이 불타버려서 초가지붕에 수수깡에다 진흙을 발라 만든 허름한 교실에서 공부를 했다. 듬성듬성한 흙벽에서는 찬바람이 들어왔고 가마니를 깐 맨바닥에서는 먼지가 폴싹 폴싹 일었다.

모든 게 부족하고 너나없이 가난했던 시절이었다. 그때 우리의 몰골은 요즘 방글라데시의 굶주린 어린이들 모습과 비슷했다. 대부분 제대로 먹지도 입지도 못했다. 이런 우리들의 비참한 모습이 미국을 비롯한 자유 우방국에 소개되어 그들로부터 많은 구호물자를 받았다. 학교에서는 1주일에 한두 번 분유를 나눠주었고, 교회에 가면 이따금 구제품도 나눠주었다. 그래서 구제품을 얻기 위해 교회에 나가는 짝퉁 신자도 없지 않았다. 늘 굶주린 아이들은 미군부대 주변을 서성이다가 미군을 보면 "헤이, 기브 미 초콜릿"이란 말을 지껄였다. 그러면 미군들은 비스킷이나 초콜릿, 깡통 등을 던져주었다. 하루에 한두 차례 경부선 철도로 미군 열차가 지나갈 때도 마찬가지였다. 그들이 던져준 과자나 햄, 잼은 정말 꿀맛이었다. 그때 아이들의 장난감이라는 것도 탄피 따먹기, 딱지치기, 구슬치기, 자치기 등이 고작이었다. 치열했던 전쟁의 여파로 탄피는 몇 년을 두고 지천으로 흔했다. 그 시절 우리들은 목총을 만들어 전쟁놀이를 즐겼다.

상급 학년이 된 후, 사회 수업시간에 세계 역사와 지리를 배우면서 특히 미국이라는 나라가 마냥 부러웠다. 미국이라는 나라의 땅덩어리는 우리나라의 마흔 배나 된다는데 인구는 우리의 6배 정도밖에 안 되고 해마다 밀이 남아돌아 값 폭락을 막기 위해 태평양 바다에 버린다는 얘기, 자동차가 두세 사람당 한 대꼴로 몇 년 타다가 고장이 나면 그대로 폐차장에 버린다는 얘기는 그 무렵 우리에게는 도무지 믿어지지 않는 천국 같은 얘기였다. 미군부대에서 흘러나온 잡지를 들추면 자유의 여신상, 백악관, 엠파이어스테이트 빌딩, 로스앤젤레스의 디즈니랜드, 샌프란시스코의 골든게이트 브리지 등이 넋을 잃게 했다. 그밖에 영국의 의사당, 타워 브리지나 프랑스의 에펠탑, 개선문 등을 볼 때도 왜 하필 나는 가난한 폐허더미의 나라에서 태어났을까 원망했다.

그런 생각은 나만 한 게 아니었다. 많은 사람들이 미국을 동경했고, 그들 가운데에는 아메리카 드림에 빠져 미국으로 가기 위해 수단과 방법을 가리지 않았다. 유학을 가서 그대로 눌러앉은 사람, 밀입국을 해서 불법 체류한 사람, 미군과 위장결혼 또는 정략결혼을 한 사람 등, 그 나라에 가기만 하면 천국에라도 가는 듯 대부분 부러워했고, 또 떠나는 사람들이나 일시 귀국한 사람도 으스댔다. 하긴 그 무렵 우리의 국민소득은 100불도 미처 안 될 때인데 미국은 일만 불이 넘었으니까, 일단 미국에만 건너가 접시만 닦더라도 지독한 가난은 면할 수 있을 테니 그럴

법도 했을 게다.

중동 산유국들이 호황을 누릴 때도 마냥 그 들 나라를 부러워했다. 그들은 가만히 앉아서 원유만 팔아도 외화를 주체하지 못할 정도로 흥청망청하는데 왜 우리나라 삼천리 반도에는 석유 한 방울 나지 않을까. 원유가 펑펑 쏟아지는 그들 나라가 부럽고 그 나라에서 태어나지 못한 게 원망스러웠다. 아무튼 그 무렵 우리나라 사람들은 해외라면 중동, 남미 등 아무 데나 가리지 않고 떠났다. 심지어 남의 나라 전쟁터까지도.

가장 살기 좋은 우리나라

우물 안의 개구리는 자기가 살고 있는 우물이 넓은지 좁은지 모르고 산다. 내가 살고 있는 공간이 좋은지 나쁜지 모른 채 살아간다. 나도 지난 세월을 '우물 안 개구리'로 살았다. 남의 얘기만 듣고 남이 사는 나라가 마냥 좋은 줄로만 알았다. 그러다가 선진국이라는 지구 반대편의 유럽 몇 나라와 이웃 중국 대륙을 돌아본 후 내 생각이 많이 바뀌었다. 결코 이 세상에는 하늘이 거저 준 낙원은 없고, 낙원은 거기에 사는 사람이 애써 만든다는 것과 우리나라는 이전에 내가 생각했던 것 이상으로 아름답고 살기 좋은 나라라는 것이다. 외국에 가면 더 애국자가 된다고 한다. 나라 밖에서는 내 조국 대한민국을 좀 더 객관적으로 볼 수 있고, 나라 안에서 미처 몰랐던 좋은 점을 발견하기 때문이다.

그러면 내 나름대로 우리나라의 좋은 점과 그들 나라의 문제점, 우리가 그들 나라에서 배워야 할 점들을 얘기해보겠다.

첫째, 우리나라는 산수가 아름답고 기후가 좋다. 내가 둘러본 유럽과 북미, 중국, 일본 등 세계 여러 나라는 대부분 우리나라처럼 아름답지 않았다. 네덜란드 같은 나라는 가장 높은 지대가 100여 미터밖에 안 되는 밋밋한 나라로 국토의 38%가 바다보다 낮은 땅으로 습하고 지반이 약해 기울어진 건물이 많았다. 서울의 남산만 그 나라에 옮겨놓아도 명산으로 대접을 받으리라. 스위스는 산은 아름답지만 국토 대부분이 산지이고 지하자원이 빈약했다. 그 나라에는 바다가 없어 수산 자원도 맛볼 수 없고 해수욕도 즐길 수 없다. 그밖에 이탈리아의 나폴리, 소렌토가 아름답다고 하지만 내가 보기에는 우리나라의 동해안이나 제주 바닷가보다 훨씬 못했다. 동해안이나 제주 바닷가도 편의시설만 잘 갖춘다면 그들 나라 이상으로 멋지고 아름다운 세계적인 휴양지가 될 것이다.

우리나라의 기후는 네 계절이 뚜렷하고 강우량도 적당하다. 유럽의 남부는 너무 덥고 북부는 겨울이 길고 너무 추우며 일조량이 적다. 영국 같은 나라는 하루에도 비가 몇 차례씩 오락가락해서 그들조차도 '미친 날씨'라고 말할 정도로 일기 변화와 기온 변화가 심하다. 특히 북부 유럽은 백야 현상으로 여름 낮은 무척 길고 겨울 낮은 짧다. 또, 우리나라의 물맛은 가히 세계적이다. 유럽 대부분의 나라가 수돗물을 식수로 마실 수 없는데 석회 성분이 많이 포함됐기 때문이다. 식수는 따로 미네랄워터를 사서 마신다. 중국 대륙은 하천의 흐름이 느린 탓인지 가는 곳마다 물이 맑지 않았다. 하긴 우리나라의 좋은 물도 우리가 더럽힌 나머지 이제는 우리도 생수를 사서 먹는 세상이 됐지만.

둘째, 우리는 단일 민족이요, 단일 언어로 이런 면에서 그동안 큰 갈등이 없었다. 유럽 일부 국가에서는 민족 간 갈등으로 내전을 일으키고 있는 나라가 적지 않은데, 이런 면에서 우리나라는 축복받은 나라다. 최근에는 국제결혼의 증가로 다문화 가정이 부쩍 늘어나는 추세이지만 그래도 소수라 다른 나라에 견주면 갈등이 적은 편이다. 다만 아직도 세계 유일의 분단국가인 점이 불운이지만 앞으로 통일만 된다면 그야말로 복된 나라가 될 것이다.

셋째, 우리 민족은 매우 우수하다. 개인 한 사람씩 비교해보면 우리나라 사람들은 어느 나라 사람들에게 결코 뒤지지 않는다. 앞으로 이 나라에 위대한 지도자가 나와서 우리 국민 모두에게 신명을 불러일으키고 국민교육을 보다 잘 시킨다면 선진국 국민들을 능가할 것이다.

그리고 우리는 아름답고 훌륭한 정신문화를 가지고 있다. 사람과 사람 사이의 예절, 상부상조의 정신, 가족 간의 끈끈한 유대, 사람답게 사는 도덕심 등 세계 어느 나라보다 훨씬 아름다운 정신문화를 지니고 있다.

우리가 선진국에게 배울 점

구미 선진국, 그들에게도 밝은 점 못지않게 어두운 점이 많다. 몇 가지 문제점을 지적해본다.

첫째, 그들은 심한 복지병을 앓고 있다. 파리의 뒷골목, 암스테르담의 담 광장 주변에는 마약 매음 환락의 문화가 번성하여 유럽 사회를 병들게 하고 있다. 지난날 그들이 편하고자 노예로 데리고 온 흑인 문제도 불원간 문제가 될 것 같았다. 잘 알다시피 미국은 총기, 매음, 인종 등 여간 심각한 문제가 아니다. 걸핏하면 총기 난사로 초등학생조차 방탄복을 입고 등교한다니 어디 사람 살 만한 나라냐. 또 중국이란 나라는 땅덩어리만 엄청 컸지 매력적이지 못했다. 산수도 우리나라보다 못했고, 50여 소수민족에 많은 인구 등 숱한 문제를 안고 있었다.

둘째, 이른바 선진국이라는 서구의 나라들은 이제 전성기를 지나 머지않아 쇠퇴기를 맞을 거라는 점이다. 그동안 그들은 아프리카와 아시아 대륙의 약소국을 식민지로 만들어 너무 많은 괴로움을 주었다. 역사의 정의나 순리로 볼 때, 그들은 언젠가는 인과응보의 대가를 받을 것이다.

셋째, 몇몇 선진국은 여러 민족이 한 나라를 이루고 있고, 언어와 종교도 달라 민족 간의 내분 조짐을 안고 있다는 점이다.

하지만 우리가 그들에게 배울 점도 많다.

첫째, 그들은 학문과 예술을 지극히 존중하고 사랑한다. 그네들이 자랑하는 명소는 자연경관이 유별나게 아름다운 곳이 아니다. 그곳은 학자나 예술가가 태어났거나, 집필을 했거나, 작품을 쓴 곳이거나, 무덤이 있는 곳이었다. 그네들은 그것으로 관광객을 불러 모은다. 그들은 학자나 예술가의 산실을 원형 그대로 보존하면서 문화시민의 긍지를 살리고 있었다. 화폐의 초상에서도 정치인보다 학자나 예술가를 최우선으로 담고 있을 만큼 학문과 예술을 숭상하고 있다.

둘째 역사를 사랑하고 감상할 뿐 아니라 소중히 보존하면서 역사의 교훈을 배운다. 파리의 루브르 미술관이나 런던의 대영박물관의 전시품들은 태반이 고대 이집트나 그리스 등지의 유물들이었다. 그네들은 지난날 해적의 나라로 강탈한 것이지만, 그네들 얘기로는 역사를 사랑하는 나라가 아니면 이렇게 소중히 보존치 못했을 것이라고 견강부회한다.

그네들은 영광된 역사뿐 아니라 자기네의 아픈 역사 현장도 그대로 보존한 채 관광객을 끌어들이고 다음 세대들에게 살아 있는 현장 역사 공부를 시키고 있다. 이탈리아에서는 로마제국 당시 향락과 퇴폐의 극치였던, 화산재로 뒤덮인 죽음의 도시 폼페이를 그대로 보여준다든지, 독일은 보불전쟁 당시 허물어진 하이델베르크의 성을 그대로 남겨 후세를 위한 무언의 교육장으로 활용하고 있었다.

셋째, 직업의 귀천이 없는 사회이다. 푸줏간의 정육사도, 안경사도 흰 가운을 입고 당당한 직업인으로 자긍심을 가지고 성실히 살고, 대장간의 대장장이도 자신의 직업을 천직으로 알고 기술 발휘에 최선을 다한다. 우리는 'art'란 말을 대체로 예술로만 풀이하지만 art에는 '기술'의 뜻이 담겨 있다. "Art is long"은 "기술은 영원하다"로 풀이할 수 있다. 로마 바티칸 시국의 산 피에트로 광장과 사원은 베르니니라는 건축가가 디자인해서 만든 것으로 브라만테로부터 라파엘로, 미켈란젤로, 포르타나, 마데르나 등 당대의 기술자들이 혼신의 노력으로 완성됐다. 최대의 걸작 피에타 상에는 미켈란젤로의 사인이 새겨져 있다. 또 그네들은 우리나라와 같은 대학 진학 열병은 없다. 거기서 중요한 것은 실력이지 학벌이 아니다. 또한 직업 간에 임금격차가 별로 없다.

넷째, 허세가 없고 근검절약이 생활화된 사회이다. 프랑스나 이탈리아 같은 나라에는 소형차가 주종을 이루고 건물도 자연 채광을 최대한 이용해서 에너지를 극도로 절약한다. 풍부한 자원도 다음 세대를 위해 남겨두는 내일을 생각하는 여유와 슬기로움이 엿보였다.

다섯째, 애국심이 매우 강하다. 특히 스위스 국민들의 애국심은 세계 제일이다. 그네들은 평일임에도 집집마다 국기를 내걸고 심지어 오찬 뒤 후식으로 나오는 아이스크림에도 국기가 꽂혀 있다. 민주주의 종주국인 영국 국민들은 아직도 왕실에 대한 지지도는 70% 이상이다.

여섯째, 그네들은 각 나라마다 고집스럽게 그들 나름의 주체 문화를 이루고 있다. 나라마다 고유문화에는 특색이 있고 이웃 나라와 달랐다. 일례를 들면 각 나라마다 호텔의 화장실 물 내리는 버튼도 위치도 다 달랐다. 그네들은 이웃 나라의 문물을 단순 모방하지 않고 자기네 나라 고유의 혼이랄까 감각을 불어넣는다.

내 나름대로 많이 보고 듣고 배우려고 애썼지만 짧은 기간이라 아무래도 '수박 겉핥기'로 그네들의 실상을 제대로 보지 못했지만, 나의 결론은 우리나라가 가장 살기 좋은 나라라는 점이다. 나라 밖에서 보니까 남의 떡이 크지 않고 내 떡이 더 크더구나. 너희는 어린 시절 나처럼 남의 나라를 무턱대고 부러워하지 마라. 그야말로 신토불이로 내 나라가 가장 좋은 나라다.

우리나라 좋은 나라, 대한민국 만세다.

친 구

술과 친구는 오래 될수록 좋다

얼마 전 한 신문 보도에 따르면 "마음속 이야기를 주로 누구에게 하나?"라는 물음에 속마음을 털어놓는 대상으로 동성 친구가 가장 많았다(동성 친구 45.7%, 어머니 11.9%, 형제자매 5.9%, 이성 친구 4.8%, 아버지 1.3%, 선생님 0.5%).

친구란 일생을 두고 나의 삶에 가장 영향을 많이 주는 사람이다. 그래서 "친구 따라 강남 간다", "금을 팔아 친구를 산다", "친구 없이 살기보다는 죽는 편이 낫다", "친구는 옛 친구가 좋고, 옷은 새 옷이 좋다", "유쾌한 길벗은 마차처럼 좋다", "벗은 기쁨을 두 배로 하고, 슬픔을 반으로 나눈다" 등 동서고금의 속담, 격언들이 부지기수로 많다.

아버지는 학생들에게 우정의 중요성을 얘기할 때, 우스갯소리로 "친구 따라 강남 간다"는 말은 이제는 구닥다리다. 요즘은 강남은 지하철 한 번만 타면 간다(속담에 등장하는 강남은 서울의 강남이 아니지만). 그래서 "친구 따라 천당도 가고 지옥도 간다"로 고쳐야 한다. 왜냐하면 좋은 친구를 만나 그의 인도로 교회나 성당에 나가 마음의 평정을 얻는다면 천당을 가게 되는 것이요, 나쁜 친구를 만나 유치장이나 교도소로 간다면 지옥을 가는 것이기 때문이다.

세상 사람들은 친구의 추천으로 취직을 하는 경우도 있고, 친구의 소개로 결혼도 하고, 친구와 동업해서 돈을 버는 일도, 친구의 영향으로 동아리 활동이나 이데올로기에 빠지는 일도 흔하다. 또 친구 때문에 인생을 망치는 사람도 흔히 볼 수 있는데, 나쁜 친구의 꾐에 빠져 가산과 인생을 탕진하기도 하고, 심한 경우는 저승까지 동반하는 일도 헤아릴 수 없을 정도로 많다.

나도 그동안 살아오면서 숱한 친구들을 만났다. 나는 사람 복이 많은 탓인지 좋은 친구들을 많이 만났다. 20년 넘게 근무한 이화학당도 친구의 추천으로 올 수 있었다.

많은 친구 중 가장 참다운 친구는 내가 어려울 때

도와준 친구라고 생각한다. "참다운 친구는 고생할 때 친구다"라는 말은 참으로 명언이다. 나의 지난 생애 중, 고교 시절이 가장 어려운 때였는데 그때 만난 친구들이 가장 좋은 친구로 남아 있다. 고1 때의 짝이었던 양철웅 아저씨, 그는 가난에 찌든 친구를 따뜻하게 감싸줄 뿐 아니라 내가 입학한 지 넉 달 만에 집안 사정으로 휴학을 하자 가장 가슴 아파해줬던 친구였다. 이듬해 고1 때의 짝 이건규 아저씨는 잠잘 곳이 마땅찮았던 나를 자기 집으로 데려갔고, 그 뒤 내가 서울에서 정착할 때까지 그의 집을 수시로 드나들며 신세 진 친구였다. 또 그해 같은 반이었던 구본우, 노진덕 아저씨는 내가 주선해서 동아일보 세종로보급소 신문배달원이 됐는데, 그때 우리들은 '중동 삼총사'로 가난했던 고교 시절에 남다른 우정을 나누었다. 고2 때 친구였던 한의수, 이용호 고3 때의 염동연 아저씨도 두터운 정을 나눈 친구들이었다.

"술과 친구는 오래될수록 좋다"고 한다. 친구 중 특히 학창 시절의 친구가 좋은 것은 서로가 순수하게 만났기 때문이다. 그때는 모두가 똑같은 신분으로 그냥 좋아서, 마음에 맞아 사귀었기에 세속적인 이해관계가 개입되지 않았다. 그래서 언제 만나도 반갑고 또 그런 우정은 오래 지속되기 마련이다. 이해관계로 만난 친구는 그 이해가 끝나면 멀어지게 마련이다. 사마천의 《사기》에 이런 구절이 나온다.

"권세와 이해로 야합하면 그 권세와 이해가 다하면 사귐이 멀어진다(而權利合者, 權利盡而交疎)."

어리석은 자의 길동무가 되지 말라

너희도 좋은 친구를 사귀는 데 정성을 다해라. 좋은 친구를 사귀려면 먼저 내가 그의 좋은 친구가 되어야 한다. 그것은 쉬운 일이 아니다. 친구를 사귀는 것도 마치 꽃을 기르듯 가꿔야 한다. 그러나 내가 외롭다고, 한순간 괴롭다고 아무 친구나 사귀지 마라. 마약 중독자가 되거나 범죄인이 된 사람들은 그 길로 들어선 안내자가 대부분 친구라고 한다.

그러면 어떤 친구가 좋은 친구요, 어떤 친구가 나쁜 친구일까? 이에 대해서는 사람마다 주관과 취향에 따라 다를 테지만 《논어》 '계씨'편에 나오는 공자의 말씀이 수천 년이 됐으나 만고불변의 진리로 새겨 볼 만한 말씀이다.

벗에는 유익한 세 벗이 있고, 해가 되는 세 벗이 있다. 정직한 사람, 신의가 있는 사람, 견문이 많은 사람은 유익하다. 겉치레만 하는 허식적인 사람, 아첨 잘하는 사람, 말을 잘 둘러대는 사람은 해가 된다.(子曰; 益者三友 損者三友, 友直 友諒 友多聞 益矣, 友便僻 友善柔 友便佞, 損矣)

사람은 혼자 살 수 없다. 부모도 언젠가는 네 곁을 떠나고, 네 자식도 네 곁을 떠나간다. 길다면 긴 인생에 좋은 친구를 늘 사귀고 서로 돕는다면 그처럼 복된 일이 어디 있으랴.

"진정한 친구 셋이 있는 사람은 행복한 인생이다"고 한다. 친구를 사귀는 데 게을리 말며 좋은 친구를 많이 사귀어라. 그러면 인생이 한결 수월하고 즐거우리라. 아버지가 한 말을 마음에 새겨라.

"친구 따라 천당도 가고 지옥도 간다."

감사하는 마음

얻어먹을 수만 있어도

충북 음성 꽃동네 마을 어귀에 세워진 돌에는 다음과 같은 글이 새겨져 있다.

"얻어먹을 수 있는 힘만 있어도 그것은 주님의 은총입니다."

이곳을 찾아온 사람들은 이 글을 보는 순간 숙연함을 느낄 것이다. 그리고 자신의 처지에 대해 감사한 마음을 가질 게다. 이는 세상 사람들에게 "범사에 감사하라"는 준엄한 가르침이다.

기독교 신자가 아니더라도 성경에 나오는 "범사에 감사하라"는 말씀을 모르는 이가 드물 것이다. 나 역시 20년 넘게 기독교 학교에 봉직한 탓으로 이 말씀을 수도 없이 들어왔다. 이 말씀을 거룩하게 받아들이고 실천하는 이도 많지만, 거부 반응을 보이는 젊은이들도 많다. 그들은 감사할 게 없는데 도대체 무엇을 감사하라는 말인가? 인생은 고뇌요 모순덩어리인데도 말이다. 더욱이 부모의 은덕도 별로 받지 못해 가난한 집에 태어나 고생만 죽도록 했고, 내 나름대로 열심히 살았지만 이룬 일도 하나 없이 계속 힘든 일만 닥치는데 도대체 누구에게 무엇을 감사하라는 말인가? 고 불만을 쏟아낸다. 그들의 불만은 끝이 없다.

하느님은 모든 사람에게 공평하다고 하셨지만 그렇지 않다. 어떤 이는 부잣집에 귀한 자식으로 태어나 일생 동안 호의호식하면서 온갖 못된 일은 찾아가며 해도 천수를 다 누리고, 또 어떤 이는 가난한 집에 장애인으로 태어나 온갖 고생을 다하면서 사람대접도 제대로 못 받고 병에 시달리다가 젊은 나이에 갑자기 세상을 떠나는데도 어찌 하느님에게 공평한 복을 주셨다고 감사할 수 있으랴. 나는 그 누구에게도 감사할 수 없다.

부모님에게 감사하라고? 부모님이 나를 낳고 싶어서 낳았나? 당신들 사랑의 씨앗으로 나를 낳았을 뿐이다. 부모님이 내게 해준 게 도대체 무엇이 있나. 이 사회와 나라에 감사하라고? 이 사회와 나라가 내게 베푼 게 무엇이 있나, 곰곰이 생각해봐도 나는 그 누구에게도 감사할 수 없다. 도시 감사할 대상이 없는데 "범사에 감사하라"고 하니 그게 말이나 될 법한 소리인가?

이 세상의 모든 사물은 보는 이의 눈에 따라 달라진다. 이에 대해 버나드 쇼는 이렇게 말했다.

"탁자 위에 반쯤만 들어 있는 술병을 보고 낙천주의자는 '됐어 아직 반이나 남았어'라고 기뻐하고, 염세주의자는 '할 수 없군, 이제 반밖에 없군!' 하며 탄식할 것이다."

다시 한 번 골똘히 생각해보라. 너희는 감사할 게 너무나 많다. 온통 감사해야 할 일들이다. 먼저 하늘에 감사할 일이다. 이 지상의 숱한 생명 가운데서 유독 사람으로 태어나게 하신 데 대해 참으로 감사해야 한다. 초목으로, 뭇 짐승으로 태어났다면 네 어찌 희로애락의 감정을 가지며, 우주의 오묘한 진리에 탐닉할 수 있겠는가. 네 몫이 적다고, 네가 살고 있는 자리가 나쁘다고, 또는 네게 배당된 인생의 시간이 짧다고 하늘을 원망하지 마라. 네 몫을 나누어주고, 네가 처한 곳을 점지해주고, 네가 이 세상에 머물 인생의 시간을 배당해주는 것은 오직 그분께서 판단하실 일이다.

성경에 나오는 '포도원 일꾼과 품삯'의 이야기를 보자. 포도원 주인이 장터에 나가 이른 아침에도, 점심때도, 오후 늦은 시간에도 놀고 있는 품꾼을 모아 하루에 한 데나리온씩 품삯을 주기로 약속하고 포도원으로 들여보냈다. 저물 무렵, 포도원 주인이 청지기를 시켜 품꾼들에게 품삯을 나누어주는데, 나중에 온 자부터 시작하여 먼저 온 자까지 똑같이 한 데나리온씩 나누어주는지라 먼저 온 자들이 불평하였다. 그러자 포도원 주인은 "내가 네게 잘못한 게 없노라. 너는 한 데나리온씩 받기로 약속하지 아니하였느냐. 네 것이나 가지고 가라. 나중에 온 사람에게 너와 같이 주는 것이 내 뜻이니라"라고 말했다.

하늘은 네게 하루라는 한정된 시간으로 볼 때는 참 불공평할 수도 있다. 그러나 긴 세월로 볼 때는 그렇지 않다. 네가 어느 하루는 부당한 품삯을 받을지라도 다음날은 네가 일한 이상으로 후한 품삯을 받을 수 있다. 너희는 어느 하루만 보고 불평불만을 털어놓지 말라. 하늘은 사람이 헤아릴 수 없는 더 깊은 뜻이 있다.

이 세상 모든 분에게 감사하라

너희는 또한 너 자신에게 감사하라. 생물학자의 얘기를 빌리면 수억의 경쟁자를 물리치고 한 사람이 태어난다. 너희는 그만큼 존귀하고 위대하다. 오늘까지 살아 있음에 감사하고 이만큼의 건강을 주심에 감사하라.

너희는 유독 한반도에서 태어난 걸 감사하게 생각하라. 세계에서 우리나라처럼 살기 좋은 나라도 드물다. 우리나라는 반만년의 오랜 역사를 지닌 유서 깊은 나라요, 우리 겨레는 문화민족으로 민족도 언어도 단일하다. 산수가 무척 아름답고, 기후도 좋고, 여러 가지 천산물도 많이 나고, 여기에 사는 겨레의 심성도 어질고 착하다. 이렇듯 우리나라의 좋은 점은 헤아릴 수 없이 많다. 세계에서 우리나라처럼 살기 좋은 나라도 드물다. 너희가 나중에 다른 나라를 가보면 우리나라가 좋은 나라임을 알게 될 것이다.

부모님께 감사하라. 부모는 너희에게 가장 귀한 생명을 주신 분이다. 그분이 아니면 네 어찌 이 세상에 태어났으랴. 그 하나만으로도 평생을 두고 부모께 감사해도 부족하다.

이 세상 모든 사람에게 감사하라. 너희가 먹고 입고 잠자는 모든 일들이 그분들 아니면 어떻게 너희 힘으로 이룰 수 있으랴. 하루 세끼 먹는 한 알의 쌀을 거두기 위해 농부는 이른 봄부터 늦가을까지 무수한 구슬땀을 흘렸다. 어디 쌀만 그러하랴. 너희가 먹고 쓰고 즐기는 것 모두가 다 그렇다. 그분들의 노고로 이 땅에서 나는 것뿐 아니라 바다 건너 이국의 먹을거리도 맛볼 수 있고, 좋은 옷도 입을 수 있고, 겨울철에도 따뜻하게 잠잘 수 있다.

가난하다고, 환경이 나쁘다고 불평하지 마라. 노력하면 부유해질 수 있고, 환경이 개선될 수 있다. 그때 너희는 무한한 성취의 기쁨을 얻게 되고 주위의 사람들이 너를 우러러본다.

너희를 배신하고 괴롭힌 사람들에게도 감사하라. 그들이 있기에 너희는 더욱 강해질 수 있고, 겸손할 수 있으며, 그 고통을 극복하고자 학문에, 예술에 몰입할 수 있다. "착함과 악함은 모두 나의 스승이다(善惡皆吾師)"라는 말이 있다. 선한 사람이든 악한 사람이든 그들은 모두 너희의 스승이다. 그들 때문에 너는 더욱 큰 사람, 성숙한 사람이 될 수 있다.

이렇듯 모든 일에 감사하다 보면 마음이 평안해지

고 친절해지지 않을 수 없고, 이런 마음가짐이 계속되면 모든 선이 너에게 기울어지게 마련이다.

하늘은 감사할 줄 아는 사람에게 복을 내린다

나는 청소년 시절, 청년 시절에 불만이 많았다. 왜 아버지는 재산을 다 없애고 우리 남매들을 고생시키나? 왜 어머니는 일찍 떠나셔서 자식들에게 마음에 깊은 상처를 주셨나? 왜 나는 하필이면 최전방 부대로 배치되어 5분대기조로 늘 긴장 속에서 밤낮이 뒤바뀐 군 복무를 해야 하나? 왜 하필 나는 박봉의 교사가 되었나? 곰곰이 생각하면 모든 게 불평불만이었다.

그러나 이제 와서 생각해보니 나만큼 행복하고 감사해야 할 대상이 많은 사람은 없을 듯했다. 아버지가 재산을 없앴기에 인생의 참맛을 조금이라도 알 수 있었고, 어머니가 많은 아쉬움을 남긴 채 떠나셨기에 내적 성숙을 가져올 수 있었고, 최전방에서 복무했기에 분단의 현장도 체험할 수 있었다. 또 나는 교사가 됐기에 참 사랑을 나눌 수 있는 여러 훌륭한 제자들을 만날 수 있었다.

그뿐 아니다. 나는 지난 세월 동안 큰 병 한번 치르지 않고 이제까지 건강하게 살았고, 훌륭한 선생님을 뵙고 가르침을 받았으며, 좋은 친구를 만났으며, 삶의 고비 때마다 나를 도와준 참으로 고마운 분들을 만났다. 그리고 아내와 두 자식을 얻었고 내 거친 글이나마 여러 곳에서 열심히 읽어주고 성원해주는 독자가 있고… 더 이상 무엇을 바라랴. 용렬한 둔재가 이만큼 했으니 과분하다. 나는 먼저 하늘에 경배드리고, 그리고 내 조국과 조상님, 부모님께 엎드려 절하련다. 이제까지 나와 인연을 맺었던 모든 분에게 감사하고 거듭 감사해도 부족하다. 그분들이 있었기에 오늘의 내가 있는 것이다.

사람은 대체로 감사할 줄 아는 사람에게는 그 무엇을 주어도 아깝지 않다. 그것이 인지상정이다. 그래서 예로부터 "주러 와도 미운 놈 있고, 받으러 와도 고운사람 있다"는 속담이 생겼다.

감사하는 마음, 그것은 자기 아닌 다른 사람에게 보내는 감정이 아니라 실은 자기 자신을 위함이다. 감사하는 행위, 그것은 아름다운 요들송의 메아리처럼 많은 사람에게 감명을 주고 다시 자기 자신 에게로 돌아온다. 바로 너 자신을 위하여 "범사에 감사하라", 하늘도 감사할 줄 아는 사람에게 복을 내린다.

유행에 대한 작은 생각

세찬 유행의 물결

몇 해 전 머리 염색이 한창 기승을 부렸던 때였다. 여름방학이 끝난 개학식 날, 나는 예삿날보다 서둘러 상큼한 마음으로 등교했다. 지난 학기 동안 무던히 속을 썩였던 녀석들이었지만, 한 달 남짓 보지 못했더니 그래도 보고 싶은 마음이 굴뚝같았다. 교실 문을 열고 들어서자마자 머리를 노랗게 염색한 녀석이 다섯 녀석이나 눈에 띄었다. 무스를 바르고 온 녀석은 열 명도 넘었다. 순간, 그들에 대한 반가운 마음보다 왈칵 미운 마음이 앞섰다. 조회시간에 염색한 녀석을 불러내 "사람의 몸과 머리털과 피부는 부모에게서 받은 것이다. 감히 그것을 헐고 상하게 하지 않는 것이…."라고 말하면서 다음날까지 원래 머리로 하고 오라고 주의를 줬지만 언짢은 내 감정은 하루 종일 풀리지 않았다.

그날 집에 돌아온 뒤, 저녁 밥상에서 학교에서 있었던 일을 얘기했더니 엄마도 너희도 세상은 변했는데 아버지는 변하지 않았다고 케케묵은 내 사고방식을 나무랐다.

"TV에 나오는 청소년 연예인들이나 운동장에서 뛰는 선수들을 보세요. 그들 가운데 십중팔구는 염색했을 거예요."

TV를 켰다. 아닌 게 아니라 10대 가수나 운동선수들의 머리는 온통 노랗고 파랗고 빨갛다. 어떤 운동선수는 머리에다 V라는 문자까지 새겼다. 요즘 신세대의 우상은 이순신 장군이나 백범 선생, 김소월 시인이 아니라 연예인이나 운동선수가 대부분이다. TV 화면에 비친 그들 대부분의 머리가 염색한 빛깔이니 그들에 대한 모방심리로 유행이 된 모양이다. 어디 그들뿐인가. 그날 이후, 출퇴근 때 만나는 사람들의 머리를 유심히 살펴보니 젊은이치고 머리에다 조금이라도 물들이지 않은 이가 드물 정도였다. '국민과의 대화' 시간, 화면에 비친 대통령의 머리조차도 염색한 듯 보였다. 이런 현실에 내가 '공자 왈 맹자 왈'을 늘어놓았으니 나도 엔간히 시대에 뒤진 구닥다리다.

아버지가 근무하는 학교(이대부고)가 대학캠퍼스 안에 있기에 날마다 많은 대학생들을 보게 되는데, 일부 학생 중에는 멀쩡한 바지를 칼로 북북 찢어 허벅지나 무릎이 환히 보이도록 입고 다니고 배꼽을 환히 드러내놓는가 하면 바지를 땅바닥에 질질 끌고 다니는 광경을 자주 목격한다. 그런 광경을 강 건너 불구경으로 알았는데, 너희도 대학생이 되자 곧 머리를 염색하고 바지를 질질 끌다시피 입고 다녔다. 나도 엄마도 몇 차례 주의를 줬지만 너희는 건성으로 대답만 할 뿐 쉽사리 고치지 않았다. 세찬 유행의 물결을 아비 어미의 잔소리로는 막아내기 힘드나 보다.

유행의 속성

얼마 전 한 모임에서 이런 문제가 화제의 초점이 되었다. 어느 한 분은 너무 지나치지 않는 한, 내버려두라고 했다. 유행의 거센 물결을 섣불리 막으려다가 오히려 부모자식 간에 틈만 벌어진다고 일렀다. 그러면서 지금은 아이 아버지가 된 당신 아들이

20년 전 학창 시절의 사진을 보면서 그 무렵 한창 유행했던 장발인 자신의 모습을 보고 껄껄 웃더라는 얘기를 들려주었다. 그 말을 들은 후 집에 돌아와서 사진첩을 펼쳐보니, 나도 그 시절 그 유행에 따라 장발이었다. 그때 단발머리는 간첩이라고 할 만큼 그 시대의 큰 흐름이었다. 얼마 전 방영된 1980년 '서울의 봄' 시절, 세 김 씨의 회동 장면을 보여줬는데 그때 그분들도 장발이었다.

"유행이라는 것은 나무의 잎과 같다. 한 잎이 지면 그 뒤에 또 다른 잎이 난다"라고 단테는 말했다. 유행이란 그야말로 일시적 현상으로 흘러가는 물과 같다. 이 흐름을 한두 사람이 막는다고 흐름을 꺾을 수는 없을 것이다. 1960년 무렵 한창 미니스커트 열풍이 몰아칠 때, 그 열풍을 막고자 경찰들이 자를 가지고 명동거리에서 단속했지만 끝내 그 유행을 막지는 못했다. 그러다가 미디, 맥시, 판탈롱 등 새로운 유행의 물결로 미니 열풍은 금세 수그러들었다. 유행은 또 다른 유행으로 그 흐름을 꺾나 보다.

유행을 만든 사람은 일상생활에서 권태를 느낀 이나, 얄팍한 상업주의자로 기업에 활기를 불어넣기 위해 창조하거나, 전위 예술인의 창작 행위일 테다.

생각해보면 우리 일상생활이란 얼마나 따분하고 무미한가? 유행도 긍정적으로 보면 그만한 이유가 있다. 간소하다든지, 생활에 편리하다든지, 매력적으로 보인다든지, 새로운 문화를 창조한다든지, 따분한 기성문화에 대한 도전이라든지, 독재 권력에 대한 항거라든지…. 인간이란 애초부터 늘 새로운 것을 좋아하고 바라는 본능을 가졌다고 생각한다.

유행에 민감한 자녀들의 몸단장과 옷차림으로 속상해하는 부모들이 많다. 나 역시 그랬으니까. 하지만 다른 각도에서 생각한다면 그 유행이 반인륜적이 아니거나 남에게 혐오감을 주지 않거나, 지나친 퇴폐 행위가 아닐 때는 묵인해주는 것도 부모자식 간의 틈을 벌리지 않는 현명한 처사가 아닐까 생각된다. 부모가 오히려 자녀의 몸단장과 옷차림이 유행 감각에 지나치지 않게, 좀 더 깨끔하게 입을 수 있도록 보살펴주는 게 부모자식 간의 틈을 좁히는 길일 것이다.

뿌리 깊은 나무

애들아, 하지만 지나치거나 파괴적인 유행은 따르

지 않는 게 좋을 듯하다. 우리나라 고유의 좋은 문화를 외면한 채 굳이 천박한 외래문화에 마냥 놀아날 수야 없지 않겠느냐. 그것은 우리 민족 자존심의 문제다. 아버지가 독일 프랑크푸르트에 갔을 때다. 프랑크푸르트 역 앞을 지나는데 칼로 허벅지 부분을 북북 찢은 청바지를 입고 화장을 짙게 한 여인이 윙크를 하면서 지나가는 남자들을 불렀다. 그 여인 뒤에는 '50달러', '100달러'라는 팻말이 보였다. 그 광경을 본 젊은이라면 허벅지가 보이도록 찢은 청바지를 입고 다니지 않을 것이다. 나는 우리나라 사람으로 가장 격조 높은 차림은 한복을 깨끔히 차려입고 검은 머리를 곱게 빗은 다음 비녀를 꽂고 아얌(옛날에, 겨울에 부녀자들이 나들이할 때 추위를 막으려고 머리에 쓰는 것)을 쓴 여인이나 한복에 두루마기를 입고 중절모를 쓴 남정네라고 본다.

아버지는 "뿌리가 깊은 나무는 바람이 불어도 흔들리지 아니한다"라는 용비어천가 한 구절처럼, 속이 깊고 주체성이 강한 사람은 경박한 유행의 물결에 휩쓸리지 않는다는 말만 전하겠다. 너희가 알아서 처신해라.

메모하는 자가 앞서간다

대영박물관에서 만난 일본 학생들

유럽 기행 길목에서 영국 런던 러셀가에 있는 대영박물관을 찾았을 때다. 이곳은 동서고금의 문화유산을 모은 박물관·미술관·도서관으로 세계 최대의 규모를 자랑하고 있다. 그래서 1년 동안 무려 400만 명이 넘는 관람객이 찾아오는 런던 최대의 관광 명소이다. 그렇기에 이곳에는 늘 사람들로 붐빈다.

박물관에 입장하기 위해 줄을 서서 기다리고 있는데, 조금 떨어진 광장에 50명 남짓 여학생들이 몰려 있었다. 우리와 피부색이 같고 모두 챙이 긴 흰 모자에 교복을 단정히 입었다. 반가운 마음에 자세히 살펴보니 그들은 우리나라 학생이 아니라 일본의 고교 수학여행단이었다. 내가 훈장인 탓인지 그들에게 자주 눈길이 갔다. 박물관에 들어간 뒤 문화재를 눈여겨보면서 한편으로는 뒤따라오는 일본 수학여행단에 자주 눈길이 갔다. 그들은 질서 있게 인솔 교사를 따르며 안내자의 설명에 '하이, 하이'라는 말을 쏟으면서 하나라도 놓칠세라 노트에 부지런히 기록을 했다. 필기도구가 없는 학생이 없었다. 나는 그 장면을 부러운 눈길로 바라보면서 오늘의 일본이 경제 대국이 된 근본 요인 중의 하나가 바로 저 기록하는 습성이라는 생각이 들었다. 그러면서 문득 우리나라 학생들의 수학여행 문화가 떠올랐다.

부끄러운 우리 수학여행 문화

먼저, 나의 학창시절 얘기부터 해야겠다. 1959년 가을은 내가 중3 때로 경주로 수학여행을 갔다. 고향역에서 열차에 오른 뒤 곧 몇 녀석들이 선생님의 눈길을 피해 차창을 열고는 담배를 꺼내 피웠다. 평소 담배를 피우지 않던 녀석도 뻐끔뻐끔 빨았다. 내가 눈이 휘둥그레 쳐다보자 그 친구가 수학여행 때는 으레 그런 거라며 주머니 속의 담배를 꺼내 다른 친구에게도 한 개비씩 돌렸다. 조금 지나자 술병이 돌았다. 선배들도 수학여행 때는 그랬다고 하면서. 우리들은 학교를 떠났다는 어떤 해방감을 만끽하고 있었다.

경주에 도착한 뒤 여관방에서도 그랬다. 취침 시간, 불을 끄고 자라는 선생님의 말씀을 처음은 듣는 척하더니 이내 담요로 문을 가리고 불을 켠 뒤, 화투짝을 꺼내 밤늦도록 돌렸다. 이튿날 아침식사를 드는 둥 마는 둥 하고서는 남은 밥과 반찬을 죄다 밥상 위에 쏟았다. 작년 선배들도 그랬다면서. 그 이유는 선생님들의 밥상은 상다리가 휘어지게 차렸는데 학생들의 밥상은 밥이 설익고 반찬이 초라하기 짝이 없다는 일종의 항의였다. 그런 난장판을 보고도 여관 주인은 말이 없었고, 선생님들도 몰랐는지, 아니면 알고도 여행 중이라고 봐줬는지 꾸중이 전혀 없었다. 우리들이 경주 일대의 고적을 답사하면서 노트를 들고 다니며 열심히 기록한 기억은 전혀 없었다. 그냥 눈요기, 귀동냥을 하다가 가끔 단체로 기념 촬영하는 것으로 족했다. 수학여행이 끝난 후 우리들은 정작 고적 답사에 대한 소감보다 비행 추억담을 더 재미있게 늘어놓았다.

내가 교사가 된 뒤에도 이런 수학여행 문화는 별로 달라지지 않았다. 지난날 선배들의 빗나간 전통은 잘도 전수돼서 여행기간 내내 인솔 선생님들은 학생들의 비행을 단속하느라 밤잠을 설치기 일쑤다. 여태 선배들의 잘못된 수학여행 문화를 깨뜨리지 못하고 있다.

도자기가 탐이 나서

내가 학생들과 함께 해인사에 갔을 때다. 해인사의 가장 큰 볼거리는 천 년 세월 동안 팔만대장경이 잘 갈무리가 돼 있는 장경각藏經閣이다. 마침 해인사의 한 스님이 우리 학생을 위해 팔만대장경의 제작 경위와 장경각을 지은 조상들의 빼어난 건축 솜씨와 천 년이 지나도록 대장경을 고스란히 보존할 수 있었던 조상의 슬기와 장경각의 과학적인 건축 구조에 대해 매우 유익한 설명을 해주었다. 그런데 경청하는 학생은 아주 일부였고, 기록하는 학생은 아무도 없었다. 학창시절의 수학여행은 학교 공부에서 해방될 수 있는, 오랜만에 학교를 떠나 쌓인 스트레스를 푸는 기회라는데 나도 동의한다. 하지만 즐겁게 노는 가운데도 배움이 있어야 되지 않을까?

내가 일본 수학여행단을 한 차례 보고 그들을 너무 미화한다고 비판받을지 모르겠다. 나도 누구 못지않게 일본을 싫어하고, 지난날 일제가 우리 민족에게 가한 만행을 잘 알고 있다. 하지만 우리나라와 일본은 '가깝고도 먼 나라'로 과거도 그랬지만, 앞으로도 뗄 수 없는 관계로 지내야 하는 이웃 나라다. 우리나라의 무역적자가 가장 심한 나라가 일본으로, 그들의 산업이 기침을 하면 우리는 감기가 들 정도로 우리 산업에 매우 큰 영향을 미치고 있다. 대부분 우리 가정에 일본 제품이 한두 개 이상 없는 집이 드물 만큼 그들 상품이 우리 생활 깊숙이 파고들었다. 우리나라만 그런 게 아니다. 유럽의 점포에서도 일본 제품이 판을 치고 있었다. 파리의 전자제품 상가에도, 스위스의 조그마한 선물 가게에서도 손쉽게 일본 제품을 찾을 수 있었다. 독일의 아우토반을 날렵하게 달리는 자동차의 뒷부분 로고 표지에도 일제를 자주 볼 수 있었다. 이처럼 그들의 상품은 전 세계를 뒤덮고 있다.

사실, 일본이 해외에다 수출하는 대부분 상품들이 원래 일본에서 만들거나 발명된 것은 거의 없다. 일본인들은 다른 나라에서 발명된 것을 보고 배우고 만들어서 그 종주국에다 되팔아 먹는 아주 비상한 재주를 가졌다. 전자제품이 그러하며, 카메라, 자동차 등이 그러하다. 그들은 단순히 모방만 하는 게 아니라 외국에서 배워온 기술에다 일본의 혼을 집어넣어 더 작게, 더 예쁘게, 더 값싸게 만드는 천부적인 솜씨를 가지고 있다. 그렇게 만든 제품에다 'Made in Japan'을 새겨 오늘도 지구촌 곳곳에 실어나르고 있다. 그들은 자기보다 앞선 나라에서 배우는 데 여간 부지런한 족속이 아니다.

일본인들은 선진 문화를 과감히 받아들인다. 자기보다 우수한 남의 문화를 배우는 데는 가히 탄복할 만하다. 우리나라 삼국시대나 고려시대에는 일본이 우리나라보다 훨씬 뒤졌다. 그래서 우리나라 사람들은 왜국, 왜구라 하여 몹시 깔보았다. 하지만 그들은 그런 굴욕을 무릅쓰고 우리나라로부터 많은 문물을 전수받았다. 벼농사가 그러하고 불교문화, 유교문화가 모두 우리나라에서 일본으로 건너갔다. 심지어 임진왜란도 우리나라의 도자기가 탐이 나 일으킨 전쟁이라고 말할 정도로 자기네의 문화 발전을 위해서는 전쟁도 마다치 않는 광적인 민족성을 지녔다. 과거 우리나라를 침략했던 중국이나 몽고족들은 전쟁 뒤, 이 땅에서 금은보화를 노략질하고 여자들을 잡아갔음에 견주면 임진왜란 때 일본인들은 조선의 도공들을 사로잡아갔다. 오늘날 그들의 후예가 일본의 도자기 문화를 꽃피워 세계에 자랑하고 있다. 한 예로 현재 일본 규수 남단 가고시마 현에서 '심수관 도원'을 운영하고 있는 심수관 씨는 임진왜란 때 끌려간 도공의 14대 후손이다.

우리나라와 중국에서 더 배울 게 없는 일본인들은 "아시아에서 벗어나 구미에서 배우자"라는 표어로 메이지유신과 함께 많은 사절단과 유학생들을 유럽과 미국으로 보냈다. 그들은 유럽과 미국의 선진 문물과 광대함에 깜짝 놀랐고, 정치 경제 문화 군사 등 모든 면에서 유럽과 미국을 미친 듯이 모방하기 시작했다. 짧은 기간 일본인들은 수많은 선진 문물을 들여왔고, 소화력 또한 대단했다. 그들이 구미에서 배운 것들 중에 가장 못된 것은 '제국주의'였다. 메이지유신으로 부국강병을 이룬 일본은 과거 은혜의 나라인 우리나라를 비롯한 다른 아시아 국가를 침략하여 자기네 식민지로 만들었다.

아무튼 일본인들이 기록하고 배우는 자세만은 혀를 내두르지 않을 수 없다. 몇 해 전에 일본의 JAL

국내선 여객기가 오사카 부근의 한 산속에 추락하는 대형 참사가 발생했다. 그때 외신에 보도된 바에 따르면, 죽음을 앞둔 극한 상황에서 한 일본인 승객이 남긴 메모가 소개되어 그들의 기록 문화에 감탄케 했다. 창피한 얘기지만 일제 강점기에 누가 친일하고 밀정노릇하고 매국했는지, 그 정확한 증거 자료는 일본인들이 가지고 있다.

미국인들의 기록 문화

내가 한국전쟁 사진을 찾고자 세 차례 미국 국립문서기록보관청(NARA: National Archives and Records Administration)에 갔을 때다. 워싱턴 근교 메릴랜드 주 칼리지파크에 있는 아카이브(국립문서기록보관청)에는 미국이 세계 각국에서 수집한 근현대 각종 비밀문서와 자료들이 매우 다양하게 보관돼 있었다. 이곳에 보관된 수천만 파일의 문서 가운데는 독일 뉘렌베르크의 재판기록, 히틀러의 두개골 사진, 태평양전쟁 당시 도쿄 로즈의 라디오 원고, 이승만 대통령과 김구 선생 간의 언쟁 등 별별 희귀한 자료까지 다 갈무리

돼 있었다. 나는 거기서 한국전쟁 당시 미군이 북한에서 빼앗아온 180개나 되는 자료 상자를 펼쳐보았다. 거기에는 '남하(남파) 공작대원 명단', '세포 수첩', '북조선 로동당 당원증명서' 빨치산들이 민폐를 끼치고 주민들에게 준 동해 남부전구 빨치산 사령관 남도부 발행의 '원호증', 경상남도 진주시 인민위원회가 주민들에게 식량과 피복 원조를 부탁한 '벽보'와 조선인민유격대 전라남도 곡성군 유격대 대장 김훈 이름으로 만든 선전 '삐라' 등도 볼 수 있었고, 전쟁에 나간 남편에게 보낸 한 '인민군 아내의 편지'도 볼 수 있었다. 심지어 북한군 견장과 양곡 배급표까지도 보관하고 있었다. 미국은 역사는 짧지만 이런 희귀한 기록물들을 보관하고는 분석 연구하여 온갖 정보를 독점하면서 지금 세계 최강국의 자리를 지키고 있다.

이처럼 기록은 개인에게도, 나라에도 매우 소중한 정보의 자료다. 지금도 그렇지만 앞으로는 더한층 기술과 정보가 으뜸인 시대가 될 것이다. 그동안 쌓아놓은 기술의 노하우를 다음 세대에게 이어주고, 정보화시대에 남에게 뒤떨어지지 않기 위해서는 생활 주변의 하찮은 일이라도 기록하는 습성을 가져야 한다. 평생 땀 흘려 쌓은 학문이나 기술을 기록하지 않거나 다음 세대에게 전수하지 않고, 이 세상을 떠나면 개인은 물론이거니와 국가적으로도 큰 손실이다.

고려시대 청기와 장수는 지독한 이기주의자로 그 만드는 비법을 자기만 알고, 아무에게도 기술을 전수도 않을뿐더러 기록도 남기지 않아 그만 맥이 끊어져 버렸다. 그로 인해 '청기와 장수'란 자기만 알고 남에게는 알리지 않아 어떤 일을 자기 혼자서 차지하는 이기주의자라는 뜻의 말로 전해오고 있다.

기억력이 좋아도 기록을 따를 수는 없다

너희는 메모를 하는 습성을 가져라. 이러한 습성을 가지기 위해서는 어릴 때부터 일기를 쓰는 게 가장 좋다. 일기는 곧 자기 수양도 된다. 일기를 쓰는 동안 매일 자기 자신을 반성할 수 있을 뿐만 아니라 새로운 내일을 계획하고 설계할 수 있다. 또 일기는 한 개인의 역사다. 먼 훗날 자기 자신에 대한 그날의 증언이요, 정감 어린 추억 속에서 지난날을 되돌아보게 하기도 하며, 내일의 새로운 인생을 다짐하는 구실을 한다.

안네 프랑크의 일기는 2차 대전 당시 유대인 소녀 안네가 네덜란드 암스테르담의 뒤채 다락방에서 1942년 6월 14일부터 1944년 8월 1일까지 피신한 생활을 청순하고 반항적이며 사춘기 소녀의 섬세한 필치로 쓴 일기이다. 이 일기는 전쟁의 잔혹성과 나치의 비인도성을 고발하는 기념비와 같은 작품으로 1947년 출판 이후 세계 60여 개 나라의 언어로 번역되어 전 세계인을 감동시키고 있다.

하찮은 일에도 기록하는 습성을 가져라. 긴 문장이 아닌 짧은 문장으로도 좋다. 후일 기록이 있는 것과 없는 것은 문화 발달 면에서 엄청난 차이를 가져온다. 악필이나 암호문이더라도 뒷사람들은 다 읽는다. 고고학자들이 이집트의 로제타스톤의 기록을 해독해냈듯이. 네 기억력이 좋다고 자만하지 말고 그때그때 메모해라. 아무리 기억력이 좋아도 기록을 따를 수는 없다. 기억이란 언젠가는 까마득히 사라져버린다. 기억은 한시적이지만 기록은 그것을 버리지 않는 한 영원하다. 기록은 나의 발자취로 뒷사람에게 소중한 자료가 된다.

메모하는 습성을 길러라. 메모하는 자가 앞서 간다.

시간과 돈

시간은 돈이다

내가 근무했던 학교의 한 선생님은 "현대인은 시간을 잘 지키고 돈 셈이 정확하면 대인관계에서 50점은 따고 들어간다"고 늘 말하면서 그 말대로 철저히 실천했다. 나도 어지간히 남에게 시간 약속이나 돈 셈에서는 허튼일이 없도록 노력하는 편인데 도저히 그분을 따라갈 수 없었다.

그분과 시간 약속을 하면 그 순간부터 부담이 된다. 약속 시간 전에 한두 번 확인을 해오고, 조금이라도 늦으면 전화가 득달같이 온다. 혹 퇴근길에 어울려 대포집이라도 가게 되면, 우선 그날 술값 지불 방법부터 먼저 합의가 돼야 한다. '오늘은 각자 부담(더치페이)'이라든지, '1차는 내가 살 테니 2차는 당신이 사라'든지, '오늘은 내가 모두 낸다'든지, 분명히 선을 긋고 난 뒤에야 출발한다. 특별한 일이 없는 한 대체로 더치페이이기 마련인데 이때도 끝전까지 정확히 계산한다. 처음에는 칼로 무 베듯 그 벽(癖, 굳어버린 버릇)이 너무 심한 것 같아 거부 반응도 없지 않았으나, 20년 넘게 어울리다 보니 나도 모르게 그 문화에 동화된 듯하다.

아무튼 그분은 이 두 가지 점만은 철저하여 다른 이로부터 '면도날'이라는 별명으로 비난도 받았고, 당신은 이를 지키지 않는 사람은 피했다. 그러면서 "세상에 공짜처럼 무서운 게 없다"고 하면서, 누군가 공짜로 술을 사면 "당신 간첩이냐?"고 지체 없이 내뱉었다.

요즘은 많이 나아졌으나 우리나라 사람들은 시간관념에서는 후진국이었다. 오죽하면 '코리언 타임'이라는 부끄러운 말까지 생겨났으랴. 모임에 가면 제 시간에 맞춰 오는 사람은 미처 반도 안 된다. 10분, 20분 늦는 것은 보통이요, 좀 심한 경우는 30분 이상이다. 학급 담임을 하면 가장 속 썩는 게 지각생이다. 늦는 녀석은 매일 늦는다. 혹 학교 행사로 등교시간이 늦춰도 단골 지각생은 여전히 늦었다. 아무리 꾸중해 봐도 별 소용이 없었다.

우리가 시간관념이 부족한 데는 여러 가지 까닭이

있었다. 과거 우리 양반들은 어떤 모임에 먼저 가면 어쩐지 체신이 깎이고 조금 느지막이 나타나는 것을 오히려 권위로 여겼다는 점, 요즘처럼 시계가 흔하지 않아 대부분 자연력에 의존했기에 시간을 정확하게 맞출 수 없었다는 점도 큰 요인이었을 것이다. 특히 일제 강점기와 해방 후 오랫동안 독재정치에 길들여져 시간을 제대로 지키고 말을 고분고분 잘 들으면 늘 손해를 봤다. 그래서 일부러 느지막이 갔다가 뒤에서 어기적대다가 불리하다고 판단되면 후딱 도망쳐 오는 게 유리하다는 기회주의나 패배주의 잔재도 없지 않다고 생각한다.

그러나 이제는 우리 모두 시간을 지키는 사람이 돼야 한다. 지금은 거미줄처럼 얽힌 복잡한 산업사회다. 모든 기계는 시간에 따라 움직인다. 교통수단도 마찬가지다. 시간을 놓치면 막대한 피해를 입는다. 지구촌에 살고 있는 현대에 시간을 지키지 않으면 낙오되고 불이익을 받게 된다. 현대는 말 그대로 '시간은 돈'인 시대다. 우리나라 사람들이 해외에 가서 늑장을 부리다가 망신을 당하고 불이익을 당한 이는 부지기수로 많았다. 선진국일수록 온 나라가 시계의 초침처럼 정확하게 돌아간다. 유럽 기행 중에 로마에서 열차를 타고 밤새 달린 끝에 이튿날 아침 스위스 취리히에 닿아 플랫폼에 내리자 시계는 정확히 도착시간인 10:35를 가리키고 있었다. 네덜란드 후크 판 홀란드에서 여객선을 타고 밤새 도버해협을 건너 이튿날 영국 하위치 항구에 닿아 부두에 내릴 때도 도착예정 시간인 07:00이었다. 열차도 배도 시간이 되면 경적도 없이 출발하고 중간 역에도 조용히 멈췄다. 그들의 정확한 시간 문화에 감탄했다.

돈 셈이 흐리면 내가 손해본다

사업이나 장사를 하다가 도산한 사람들의 얘기를 들어보면 대부분 자금 회전이 안 돼 쓰러졌다고 한다. 자금 회전, 곧 수금이 제날짜에 안 됐기 때문이다. 내가 고교 시절 신문 배달할 때 가장 힘든 일은 아침저녁 배달하는 일보다 수금하는 일이었다. 독자 가운데 제날짜에 신문 대금을 주는 집은 이 할 정도였고, 나머지 집은 시도 때도 없다. 어떤 집은 말일, 다음 달 5일, 10일 등으로 날짜를 잘 기억해뒀다가 맞춰가야 했다. 깜빡 잊고 놓치면 다음 달 그날에 오라고 하고, 또 어떤 독자는 꼭 한 달씩 늦게 주었다. 아무리 사정해도 내 편에서 으레 판정패였다.

조금만 독촉하면 다른 신문 볼 테니 내일부터 당장 넣지 말라고 했는데, 그 말이 신문배달원에게는 가장 무서운 말이다. 그 무렵 배달원의 수입은 신문대금 중에서 일정액은 보급소에 먼저 입금시키고 나머지를 갖게 되는데, 그 나머지가 질금질금 수금이 되기 때문에 독한 마음을 먹지 않으면 학비로 충당하기 힘들었다. 신문배달 생활을 끝낸 뒤에도 몇 달 동안 수금을 다니다가 그만 내 편에서 지쳐 끝내 포기한 집도 숱하게 많았다.

나의 아버지는 화물 꼬리표와 헌 신문으로 과수용 배 봉지 등을 만들어 파셨는데 늘 수금 때문에 골몰하셨다. 꼬리표는 전국 기차역이나 항구에 있는 대한통운에 납품했다. 아버지는 원거리 수금은 나에게 맡겼다. 주말이나 방학 때면 강원도 산간 오지 역, 충청도 벽촌의 역을 완행열차를 타고 밤새워 찾아가도 허탕치기 일쑤였다. 두세 번 가서 돈을 간신히 받는다 해도 경비를 제하고 나면 남는 게 없었다. 아버지는 수년 동안 그 장사를 하면서 미수금으로 무던히 속을 썩인 끝에 어느 날 이런 푸념을 하셨다. "대한민국에서는 내 주머닛돈만이 내 돈"이라고.

아버지는 비록 당신이 받을 돈은 못 받아도 당신이 지불해야 할 노임만은 빚을 내서라도 제날짜에 꼭 정산했다. 달동네 사람 연탄값 반찬값을 어찌 미룰 수 있느냐고. 심지어 오랜만에 집에 온 아들의 지갑까지 다 털어서 셈해 주었다.

내가 몇 권의 책을 내면서 출판사 대표와 어울려 그분들의 애환을 들어보면 가장 어려운 점이 수금문제라고 한다. 어디 출판사만 그러하랴. 대부분의 중소기업들이 다 그러하다. 물건을 납품하고 몇 개월 뒤에 간신히 수금하면 수개월 짜리 어음이 절반을 넘는다고 한다. 하는 수 없이 사채시장이나 금융사를 찾아가 할인을 하여 회사를 꾸려가니 금융비용으로 10~20% 정도는 허공에 날리는 셈이다.

우리가 돈 셈이 흐린 나쁜 관행만은 꼭 고쳐야 신용사회가 될 수 있고 선진국이 될 수 있다. 내가 체험한 바에 따르면, 돈 셈이 흐린 사람은 가난 때문만은 아니었다. 그 사람의 나쁜 습관이요, 우리 사회의 대기업부터 잘못 정착된 관행이다. 아주 고약한 악덕 기업주는 현찰을 두고도 하청업체에게는 일부러

수개월짜리 어음을 발행한다. 그러고는 자기의 다른 자회사나 다른 이를 시켜 그 어음을 할인하는, 그래서 다시 이익을 차리는 비열한 짓도 서슴지 않았다. 자기들 상전인 정치인이나 권력가들에게는 차떼기나 상자떼기로 수표도 어음도 아닌 현찰로 수억 원씩 갖다 바치면서도.

교양인의 첫째 조건

'더치페이dutch pay'는 네덜란드에서 생긴 말로 우리말로 옮기면 각자 부담, 곧 추렴出斂으로 모임이나 놀이 등의 비용을 참가한 사람이 똑같이 나누어내는 일이다. 네덜란드 사람은 결코 남에게 신세를 지지 않으려는 국민성을 가졌는데, 심지어 부부가 함께 식사를 하더라도 별일이 없는 한 자기 몫은 자기가 낸다. 그들은 돈거래에는 실수가 없는 국민으로, 근면하고 저축심이 많으며 신용이 두텁다. 우리의 관점으로 볼 때 대단히 쩨쩨하고 인색하게 느껴질 수 있지만 막상 그들과 사귀어보면 그렇지 않다. 그들도 남을 초대해서 한턱내기를 좋아하는데, 술을 마시기 전에 분명히 "내가 계산할 테니 한잔 합시다"라고 밝히는 게 상식이요, 그런 말이 없는 경우는 각자 부담하는 게 그 사회의 불문율이다.

나도 처음 이 더치페이란 말을 들었을 때는 거부감을 느꼈다. 사면 사고 말면 말지, 같이 가서 각자 부담이라니 얼마나 쩨쩨하냐. 식사를 끝내고 밥상 위에다 각자 지갑에서 돈을 꺼내 헤아려 셈하는 게 사내대장부의 처신이랴. 하지만 곰곰이 뜯어보면 이 복잡한 현대사회에서는 그게 합리적이고 부담이 적고 부정과 비리를 추방하는 지름길이 된다. 오랜만에 여러 친구와 회식을 한 뒤, 혼자 다 뒤집어쓴다면 그는 그달 용돈에 쩔쩔맬 것이다.

그보다 더 좋지 않은 관행은 직장에서 상사가 부하 직원과 회식을 할 때, 으레 상사가 다 내는 게 불문율이다. 결국 상사는 그 비용을 충당하기 위해 거래처에서 상납을 받거나 아니면 회사 내에서 비자금을 마련해야 한다. 이러한 관행이 바로 부정 비리의 출발점이 되고, 그것을 얻어먹은 사람은 상사의 부정에 꿀 먹은 벙어리가 될 수밖에 없다. 우리나라 정치계의 후진성도 바로 이런 패거리 정치로 계보의 보스는 자기 패거리를 먹여 살리고 밑에 있는 사람은 자기 보스에게 맹종하기에 정치 발전이 없었고 각종 게이트나 비리가 끊이지 않고 있다. 사람은 남에게 신세를 지면 그것이 족쇄가 돼서 제 할 말을 다할 수 없고, 자기 신념을 펼칠 수 없다. 우리나라 속담에 "빚 준 상전, 빚진 종"이란 말이 있다.

너희는 작은 이해에 치사한 사람이 되지 마라. 친구와 함께 밥을 먹을 때, 더치페이가 아니거든 네가 낼 것이지, 얻어만 먹는 사람은 되지 마라. 어쩌다 한두 번은 얻어먹을 수 있으나 여러 번 거듭되면 너도 모르게 습관이 되고, 그러다 보면 거지 근성의 사람이 된다. 그런 거지 근성을 가지게 되면 제 주관대로 살 수 없게 되고 남의 하수인이 되기 십상이다.

너희는 시간 약속을 잘 지키고, 돈 셈을 그때그때 정확히 하라. 네가 약속을 지키지 않으면 친구는 한두 번 기다려주겠지만, 열차나 비행기는 너를 기다려주지 않는다. 직장생활 할 때 시간관념이 무디면 해고 대상 0순위가 될 것이다. 또 돈 셈이 흐리면 네 주위 사람들로부터 신용을 잃게 되고, 그러면 너의 돈줄은 끊어져버릴 것이다. 그리고 돈 셈이 흐리면 다른 셈도 다 흐리다. 시간과 돈, 이 두 가지가 흐릿하면 사회생활에서 낙오하게 마련이다.

"시간은 지키고 돈 셈은 정확히 하라"는 말은 현대 교양인이 지켜야 할 기본 에티켓이요, 교양인의 첫째 조건이기도 하다.

6

결혼한 뒤에는 한 눈만 떠라

한 가지에서 난 잎
어버이 살아신 제
결혼한 뒤에는 한 눈만 떠라
사람이 되라
영원한 것은 없다

한 가지에서 난 잎

형제는 수족과 같다

너희가 초등학교에 다닐 때, 우리 집 가훈을 물은 적이 있었다. 그때 나는 서슴없이 '우애友愛'라고 답해주었다. 우애란 형제 · 자매 간의 사랑을 말한다. 너희도 곁에서 보아 잘 알겠지만 아버지 형제자매 간의 우애는 돈독하다. 우리 형제 · 자매들은 철든 뒤 이제까지 서로 얼굴 한 번 붉힌 적이 없었고, 서로 큰소리 한 번 난 적이 없었다. 그래서 집안 친척들이 모두 우리 형제 · 자매의 우애를 무척 부러워한다. 돌아가신 아버지도 늘 "내가 재산은 없앴지만 너희 남매들의 우애 깊은 걸 보면 나처럼 행복한 사람도 없다. 요즘 내 친구들의 얘기를 들어보면 자식들끼리 싸움질을 해서 무척 속을 썩인다"라고 하시면서 우리 형제간 우애에 매우 흡족해하셨다.

신라 경덕왕 때 월명 스님은 '제망매가祭亡妹歌'라

는 향가에서 형제자매를 "한 가지에서 난 잎"이라고 비유했다. 형제자매는 부모 다음으로 가까운 피붙이다. 옛 어른 말씀에 "형제는 수족과 같다"고 했고, 다산은 향교 〈권효문〉에서 "형제란 나와 부모를 함께 하고 있으니, 이 또한 나일 뿐이다. 얼굴 모습이나 나이가 약간 다르지만 서로 우애하지 않으면 이것은 나를 멀리 함이다"라고 말했다. 또 송강 정철은 〈훈민가〉에서 형제간의 우애를 이렇게 노래했다.

> 형아 아우야 네 살을 만져 보아라
> 누구에게 태어났기에 모양조차 같은가
> 한 젖 먹고 길러 나서 딴 마음 먹지 말라

인류 최초의 살인 사건은 카인과 아벨로 형제간에 일어났다. 여호와께서 형 카인의 제물은 거들떠보지도 않고 동생 아벨의 제물만 받아들이자 카인이 아벨을 질투하여 아우를 돌로 쳐 죽였다. 이런 원죄 탓인지 예나 지금이나 한 핏줄로 태어난 형제·자매끼리 사이좋게 살지 못하고 티격태격하는 경우를 많이 본다.

얼마 전 어떤 분의 장례식에 갔다가 본 일인데, 형제들끼리 아버지의 시신이 하관 되자마자 유산 문제로 대판 싸우는 것을 보았다. 여러 문상객이 뜯어말려 싸움은 일단락됐으나 불씨는 완전히 꺼지지 않고 남아 있어서 언젠가는 다시 폭발할 것 같았다. 그 뒤 예상대로 형제간의 싸움은 재연됐고, 여태껏 서로 소원하게 지낸다고 들었다.

이런 일은 우리 주변에서 매우 흔한 일이 되었다. 대체로 가난한 집안보다 부잣집에서 더 흔한 일로 가끔 신문 보도에 따르면 재벌의 형제간, 부모자식 간에 재산 문제로 서로 반목질시를 넘어 재판을 하고, 마침내 남남처럼 지내는 모양이다. 재산이 뭔지 그 때문에 부모자식 간, 형제간에 추하게 싸우는 현상이 여기저기서 벌어지고 있다.

대체로 형제 · 자매가 화목하지 못한 경우는, 부모가 어느 한 자식을 편애하거나, 형제 · 자매의 빈부 격차가 심할 때 나타난다. 우리 형제 · 자매의 우애가 돈독한 것은 물론 나의 아버지께서 유산을 남기지 않았기에 불씨의 근원을 봉쇄한 탓도 있다. 그리고 형제가 서로 위해주고, 받기보다는 주고자 하는 마음이 앞서기 때문이라고 생각한다.

우애 깊은 형제 이야기

내가 초등학교에 다닐 때 교과서에 실린 글이 떠오른다. 우애 깊은 형제가 어른이 된 후에 분가해서 이웃에 사이좋게 살았다. 가을 추수를 한 뒤, 형은 아우가 신접살림을 나서 힘들 것 같아 한밤중에 벼 낟가리를 한 짐 지고 가서 아우의 낟가리에다 보태주었다. 아우는 아우대로 자기는 아직 아이도 적고 어리지만 형님은 아이도 크고 많아 살림에 힘이 들 것 같아, 자기 벼 낟가리에서 한 짐 져서 형 낟가리에다 옮겨놓았다. 그러다가 밤길에서 두 형제가 만났다는 얘기는 비록 얘기일지라도 얼마나 아름다운 우애냐.

"형 노릇도 어렵고 아우 노릇도 힘들다"는 말이 있다. 우애는 어느 한 편만 노력해서 생기는 것이 아니다. 형은 아우를 사랑하고, 아우는 형을 공경하는 마음이 있어야 한다. 그리고 모두 열심히 살아야 된다. 아무리 마음씨 좋은 형이라도 아우가 빈둥빈둥 놀면서 형에게 도움을 청하면 처음 몇 번은 도와주겠지만 그것이 잦을 때는 꾸짖게 될 것이고, 처지가 바뀌어도 마찬가지이다. 나는 늘 내 아우들을 고맙게 생각하고 있다. 웬만한 고통은 스스로 삭이면서 다른 형제들에게 아픔을 호소하거나 구원을 요청하지 않는다. 다만 서로 눈빛으로 알고 자기 형편대로 도울 뿐이다.

나는 먼 곳에 계시는 어머니가 우리 형제를 지켜보실 거라는 생각을 늘 마음에 담고 있다. 어머니가 마지막 가시면서 어린 자식 때문에 차마 발걸음이 무거웠을 그 짐을 우리 스스로 가뿐히 나눠가지고 싶었다. 지금도 나는 가신 어머니의 마음을 편케 해드리는 게 생전에 못다한 불효를 씻는 길로 알고 있다. 이런 생각은 아우들에게도 이심전심으로 옮아졌으리라.

너희는 단 남매뿐이다. 누나와 동생은 아버지 어머니 다음으로 가까운 피붙이다. 누나는 동생에게 베풀고 동생은 누나를 공경하고 도와주어야 한다. 그것이 사람으로서 가장 기본이 되는 도리가 아니겠느냐. 둘이서 힘을 합쳐 살아간다면 아무리 힘든 세상사일지라도 한결 수월할 것이다. 언젠가 아버지 어머니는 이 세상을 떠난다. 저 세상을 가서도 너희 남매가 오순도순 다사롭게 사는 모습을 지켜볼 때, 아버지와 어머니는 보람을 느낄 것이다.

삶과 죽음의 길이

예 있으매 두려워
나는 가노란 말도
못 다 이르고 갔는가?
어느 가을 이른 바람에
여기저기 떨어지는 잎처럼
한 가지에 나고서
가는 곳 모르겠구나
아, 극락에서 만날 너
도 닦으며 기다리련다.

먼저 간 누이를 극락에서 만나기 위해 도를 닦으며 기다리겠다는 〈제망매가〉의 끝 구절은 아름다운 우애의 극치이다. 월명 스님이 출가한 몸으로 세속의 인연을 그리워한다는 것은 비록 불도에 어긋날지 모르지만, 죽은 누이를 그리는 아름다운 인간애에는 이 글을 읽을 때마다 가슴이 늘 뭉클해진다.

다시 너희에게 이른다. 아버지가 일러준 '우애'란 가훈을 너희 남매도 실천하고, 그리고 대대로 물려주어라. 남매는 한 가지에서 돋아난 한 쌍의 잎이다.

어버이 살아신 제

불효자는 웁니다

나는 마음속 깊이 늘 하나의 응어리를 지닌 채 살고 있다. 너희가 벌써 눈치채고 있을는지 모르겠다만 그것은 어머니에게 효도 한번 제대로 못 한 회한(悔恨, 뉘우치고 한탄함)이다. 아버지가 할머니 생신이나 제삿날 차례상 앞에서 말없이 눈물만 흘리거나, 먼 산을 하염없이 바라보는 모습을 너희는 몇 차례 보았을 것이다. 부자지간, 모자지간의 인연도 이승에서 때가 되면 서로 헤어지고 끝난다는 것을 모르지 않지만, 젊은 날에 나는 어머니가 어느 날 갑자기 그렇게 허망하게 떠나실 줄 몰랐다. 많은 세월이 흘렀으나 아직도 그날을 잊을 수 없다. 그때 나는 대학 3학년생으로 둘째 동생과 함께 서울에서 자취생활을 하고 있었다. 어느 가을날, 학교에서 돌아온 후 어머니의 비보를 받았다. 그 순간 나는 멍한 사람이 되었다.

'이럴 수가… 세상에 이럴 수가….' 쇠뭉치로 뒤통수를 맞은 기분이었다. 내 어머니가 가시다니…. 나는 그대로 절벽에 떨어진 기분이었다.

"설워라 설워라 해도 아들도 딴 몸이라"고 정인보 선생이 〈자모사慈母思〉에서 노래한바, 나는 그동안 밥 먹고 잠자면서 오늘까지 살아왔다. 엄마 없이는 못 산다는 말은 빈말이었다. 하지만 나는 심장이 찔리는 아픔으로 얼마나 많은 눈물을 흘렸던가. 세상의 모든 어머니가 다 고우신 분이지만 특히 어머니는 외모도 마음도 고우신 분이었다. 외할아버지께서 여자는 신식 교육을 배울 필요가 없다며 완고히 신학문을 배우지 못하게 하셔서 어머니는 그게 한으로 불편과 열등감으로 살았다.

나는 부모님과 늘 떨어져 살았기에 철든 후 어머니와 함께 지낸 기간은 불과 8개월 정도밖에 안 된다. 그 기간이 가장 살림이 어려웠던 기간으로 계동 중앙고등학교 곁 빈촌에서 셋방을 살면서 나는 학교도 못 다니고 신문배달을 했고, 어머니는 남의 집 처마 밑에다 널빤지로 가게를 만들어 찐빵을 만들어 파셨다. 지금 생각하면 가장 어려웠던 그때가 가장 행복했던 때였던 것 같다. 내 생애에서 어머니와 오붓하게 지낸 세월이었기 때문이다. 이른 새벽, 두부 장수한테 비지 덩이를 거저 얻기도 하고 때로는 신문과 바꾸어서 찌개를 끓여 먹고 어머니와 함께 가게로 가서 밀가루를 뒤집어쓰면서 빵을 만들어 팔았다. 저녁에는 그날 번 돈을 계산하면서 등록금을 모아 두고 3월 신학기를 손꼽아 기다렸다. 이듬해 나는 복학해서 다시 학교에 다녔고 어머니는 부산에 계시는 아버지에게로 가셨다.

방학 때 부산 집에 가면 어머니는 밤낮 쉬지 않고 꼬리표에 구멍을 뚫고 철사를 끼우셨다. 내가 서울로 돌아올 때면 어머니는 굳이 버스 정류장까지 따라 나오셔서 시장보고 남은 돈이라며 아버지 몰래 속곳 주머니에서 꺼내 주시면서 객지에서 배곯지 말라고 이르셨다. 대학 3학년 여름방학에 충북 증평에 있는 예비사단에서 4주 병영훈련을 받았는데 어머니는 면회를 오시지 않았다. 다른 친구 어머니들은 거의 다 오시는 것을 보고 다소 섭섭했는데, 훈련이 끝난 후 집에 갔더니 면회 갈 형편이 안 돼서 못 갔다고 미안해하셨다. 어머니는 굶을지언정 남에게 돈을 빌리지 않는 성품으로 남에게 부담이 되는 일은 절대로 삼가는 곧은 분이다.

자동차를 조금만 타도 멀미를 앓아 우리 집이 잘 살았을 때 집에 자가용을 두고도 걸어 다니거나 먼 길에는 기차를 타고 다녔다. 당신은 도시생활이 안 맞는 분으로 순박한 농촌의 아낙 생활이 맞는 분이었다. 해방 전에 아버지와 결혼하셨는데 선도 보지 않고 갑자기 혼례식을 치렀다. 아들이 학병으로 끌려갈지 몰라 빨리 대를 이어야겠다는 할아버지의 생각과 막내딸이 정신대라도 끌려갈지 몰라 노심초사했던 외할아버지의 생각이 일치해서 전격으로 이루어진 결혼이었다. 그 뒤 해방 직후의 혼란, 한국전쟁의 소용돌이 속에서 험난한 인생길을 걸어온 아버지와 어질기만 하셨던 어머니는 가장 어려운 고비를 넘기지 못하였다.

어버이는 기다리지 않는다

대학 졸업과 동시에 육군 소위로 임관하여 광주 보병학교에서 첫 봉급을 받았다. 사회에 나와 첫 번째 받는 3월분 봉급(2월의 10일분까지 포함됐기에)은 그 무렵 나에게는 무척 큰 목돈이었다. 군 당국에서는 신임 소위들의 첫 급료라고 한국은행에서 갓 나온 새 돈과 부모님에게 송금하기 좋게 은행 쿠폰으로 지급했다. 내무반 친구들은 봉급을 받자마자 어머니 속옷값을 부치면서 편지를 쓰고 있는데 나는 슬그머니 화장실에 가서 실컷 울었다. 군에서 제대 후 곧장 교단에 섰을 때도 그랬다. 첫해 연말 보너스를 받으니 월급의 두 배나 되는 큰돈이었다. 그날 밤 나는 시내를 배회하다가 명동의 금은방에 들려 금목걸이를 샀다. 내 어머니에게 전해 드릴 수 없는 줄 알면서도.

어버이 살아신 제 셤길 일란 다하여라
디나간 휘면 애닯다 엇디하리
평생애 고쳐 못할 일이 이뿐인가 하노라

정철의 〈훈민가〉 중 한 수이다. 고교 시절에 배운 이 노래가 시험에나 나올 줄 알았지 내가 그 노래대로 탄식할 줄 어찌 몰랐을까? 또 《한시외전》에서는 "나무가 고요하고자 하나 바람이 그치지 않고, 자식이 어버이를 봉양하고자 하나 어버이는 기다리지 않는다(樹欲靜而風不止, 子欲養而親不待也)"라고 어버이 살아생전에 효도를 다하라고 가르치고 있다. 하지만 세상 사람들은 이런 노래나 말들을 귀담아듣지 않는다. 나 또한 그랬으니까.

나는 어머니가 가신 후 유택(幽宅, 무덤)을 마련 해 드리지 못해 늘 가슴 아팠는데, 아버지가 돌아가신 후 선산에다 쌍분으로 나란히 안장시켜 드렸다. 그날 나는 한없이 통곡하고 돈을 원 없이 쓰자 주위 분들이 돈을 너무 헤프게 쓴다고 충고를 했지만 듣지 않았다. "자식이 돈 벌어서 이럴 때 쓰는 게 아니냐"고 그분들의 입을 막았다. 나는 부모에게 못다 한 효도를 번듯한 봉분으로 보상하고 싶었는지도 모른다. 불효자는 청개구리처럼 어버이가 돌아가신 후에야 운다.

내가 둔재임을 알면서도 굳이 작가가 되고자 하고, 소설을 쓰고자 한 것은 어머니께서 야학에서 깨친 한글 해독이건만 떠듬떠듬 읽으면서도 소설을 좋아하셨고, 영화를 무척 즐겨 보셨기 때문이었다. 나의 첫 장편소설의 주제를 '그리움'으로 정하고 제목을 유독 《사람은 누군가를 그리며 산다》라고 지은 것도 모두 어머니에 대한 회한의 정을 담기 위해서 그랬다. 아들이 쓴 작품을 먼 곳에서라도 보신다면 나는 이보다 더 큰 보람은 없을 것이다.

평생에 다시 못할 일

얼마 전, TV에서 무척 감동적인 장면을 보았다. 노인들의 '치매'에 관한 특집 프로였는데, 늙은 아버지는 치매가 심해 방바닥에 누워 인사불성이었고, 아들은 그 아버지를 위해 바이올린을 켜고 있었다. "아버지, 이 소리가 들리십니까?" 그러나 아버지는 아무 대답이 없다. 자세한 내막은 잘 모르겠다만, 그 아들은 전직 교사로 아버지의 치매 때문에 아내로부터 이혼까지 당하고서도 아버지를 차마 버릴 수 없었다.

아들은 아버지를 봉양하기 위해 시골로 내려가 단둘이 살면서 치매에 좋다는 청둥오리까지 길러 이따금씩 잡아 드린다고 했다. 요즘 세상에 참으로 보기 드문 효자요, 정말 사람다운 사람이다. 나는 그 장면을 본 뒤 나 자신이 얼마나 부끄러웠는지 모른다. 나는 그런 효도를 내 부모님에게 하지 못한 채 두 분 다 떠나보냈기 때문이다. 나는 못했으면서 너희에게 아버지, 어머니에게 잘하라고 말하지 않겠다. 다만 내가 두 분 살아생전에 효도를 못 했더니 두고두고 가슴이 아프다.

정말 평생에 다시 못할 일은 이뿐인 것 같다.

결혼한 뒤에는 한 눈만 떠라

네덜란드의 결혼 풍속도

네덜란드는 보석 가공기술이 세계 제일이다. 특히 다이아몬드 가공 솜씨는 400년이 넘는 역사와 전통을 자랑하고 있다. 지난날은 물론 지금도 영국 왕실에서는 왕관이나 기타 보석 가공품을 이 나라에서 맞춰 간다. 그런데 정작 네덜란드 젊은이들은 결혼식 때 신랑신부 예물로 14K나 18K 금반지를 주고받는다. 그 까닭은 결혼한 젊은 부부가 언제 헤어질지 모르기 때문이란다. 그 대신 부부가 결혼한 지 25주년 되는 은혼식이나, 50주년 되는 금혼식 때는 수 캐럿짜리 다이아 반지를 교환하는데 그때는 이혼할 확률이 적기 때문이라고 한다.

아무튼 서구인들의 결혼관은 두 사람이 서로 사랑만 한다면 국경도 피부색도 성性도 없이 결혼하고, 서로 싫어지면 언제든지 헤어지는 모양이다. 부부가 서로 사랑하지 않으면서도 결혼생활을 지속하는 일은 거의 없나 보다. 특히 젊은 남녀가 맞선을 보고 중매결혼하는 일은 TV의 '믿거나 말거나' 프로 같은 데서나 볼 수 있을 정도로, 그들은 철저한 본인 중심의 연애결혼이다.

이런 결혼 풍조는 이미 우리나라에도 상륙해서 요즘 젊은이들은 중매결혼보다 연애결혼으로 바뀌고 있고, 또 최근에는 이혼하는 부부도 부쩍 늘어나고 있다. 얼마 전 통계청의 발표에 따르면 결혼한 세 쌍의 부부 중, 한 쌍 꼴로 이혼한다고 한다. 실제로 교단 현장에서도 이러한 세태를 절감할 수 있다. 내가 처음으로 교단에 설 때만 해도 학생 부모가 이혼을 하거나 별거 중인 경우는 한 학급에서 한두 명 있을까 말까 드물었는데, 요즘에는 학급 정원이 반으로 줄었음에도 대체로 한 반에 대여섯 명 이상이다. 바야흐로 우리나라도 서구처럼 쉽게 결혼했다가 서로 싫어지면 미련 없이 헤어지는 이혼 풍조가 만연하고 있다.

어쨌든 부부가 이혼으로 한 부모가정이 된다는 것은 아직도 우리나라 현실로서는 윤리적으로나 정서면에서 관대하지 않다. 부모의 이혼은, 특히 자녀들의 교육 면에서 여간 충격적인 일이 아닐 수 없다. 이번 중간고사 작문 교과 시험문제로 '아버지'란 제목으로 출제를 한 바, 한 학생의 답안지를 채점하면서 많은 걸 생각하게 했다. 그 학생의 글 제목은 '아빠, 아저씨, 아버지'였다.

어릴 때 나는 언제나 내 편인 아빠를 무척 좋아했다. 아빠는 형과 나에게 온갖 애정을 다 쏟으셨다. 그래서 나와 형은 아빠에게 매달리며 살다시피 했다. 아빠는 나의 가장 좋은 친구였다. 어린 시절, 나는 아빠의 어깨에 무동도 타고, 휴일이면 공원에 가서 산책도 하고 놀이기구도 함께 탔다. 그런데 어느 날, 아빠에게 가졌던 기대와 믿음이 한순간에 무너져버렸다. 어머니와 이혼…. 그것은 나에게 너무나 큰 충격이었다. 우리 가족의 희망이었던 아빠는, 그컸던 희망보다 더 큰 좌절과 배신감을 우리에게 안겨주셨다. 그 뒤로 나는 아빠를 마주 대할 수 없었다. 내 마음속에서는 다정했던 아빠가 서서히 '남'이 되어갔다. 아빠와 함께 식사도 하지 않았고, 자리를 함께 하지도 않았다. 마침내 아빠는 나에게 학비나 주는 '아저씨'처럼 돼버렸다. '아버지'가 아닌 '아저씨'로. 그렇게 많은 세월이 흘렀다. 하지만 하나님께서는 나의 이런 잘못된 생각을 방관하지 않으셨다. 하나님은 나에게 큰 깨달음을 주셨다. 아버지는 나에게 가장 고귀한 생명을 주신 분이라는….

인생의 가장 큰 도박

요즘 내가 가장 부러운 사람은 딸 아들을 모두 출가시키고 곱게 늙어가는 부부들이다. 그런 일은 평범한 일 같지만, 그 평범함이 예사 쉬운 일 같지는 않다. 무척 흔한 일 같지만, 언저리를 둘러보면 그리 흔치도 않다. 부부가 해로하면서 딸 아들이 새 가정을 이루는 걸 보기 위해서는 우선 부부가 건강해야 하고, 아울러 금실이 좋아야 한다. 다음으로 자식들도 건강해야겠고, 또 자식도 잘 맞는 배우자를 만나야 한다. 어느 부모인들 이런 소박한 소망이 없겠는가. 하지만 이런 소박한 소망도 사람의 힘만으로 이루어지지 않는다. 무엇보다 가장 중요한 것은 하늘의 노여움이 없어야 한다. 그래서 우리 가족 모두 자중자애하고 매사에

삼가며 자기감정을 자제해야겠다. 이제 너희도 결혼 적령기를 맞았다. 아버지 처지에서, 너희보다 결혼생활을 먼저 한 인생의 선배로서, 결혼에 대한 내 생각을 들려주겠다.

최근에 보도된 신문 기사에 따르면, 아무개 백화점 20대 남녀 직원 500명에게 설문조사한바, 조사 대상자 가운데 64%가 '결혼은 상황에 따라 하지 않을 수도 있다'에 응답했고, '결혼을 꼭 해야 한다'에는 35%에 그쳤다고 한다. 나도 학교에서 학생들에게 물으면 농담인지 진담인지는 모르지만 결혼을 하지 않겠다고 답하는 학생이 의외로 많았다. 또, 요즘 내 언저리에서도 결혼하지 않고 혼자 사는 이들이 무척 많다. 이 시대 젊은이들은 결혼은 꼭 해야 하는 것이 아닌, 혼자 사는 게 낫다고 생각하는 풍조가 널리 퍼져 있는 모양이다. 사람은 마땅히 결혼을 해야 한다는 우리네 기존의 고정관념이 왕창 무너지고 있는 느낌이다.

결혼 자체를 부정적으로 보는 견해도 많다.

"결혼하려는 자는 후회의 길로 발을 내디딘 사람이다"라는 필레몬의 말이나 "결혼은 새장과 같은 것이다. 밖에 있는 새들은 쓸데없이 그 속으로 들어가려

하고, 속에 있는 새들은 쓸데없이 밖으로 나가려고 애쓴다"라고 말한 몽테뉴의 견해는 결혼이 자유를 구속하기 때문에 한 말일 것이다.

하긴 사람은 원초로 자유를 원한다. 결혼제도란 아득한 옛날부터 사람이 만든 것으로, 사람의 자유분방한 사랑의 행위를 구속하는 건 사실이다. 하지만 한 남자와 한 여자가 만나 결혼함으로써 새로운 가정을 이루고, 또 자녀를 낳아 기르면서 가계를 이어가는 이 제도는 동서양을 막론하고 아득한 옛날부터 전해 내려온 관습으로 인류가 만들어낸 가장 합리적이고 이성적인 제도다. 이 결혼제도가 무너지면 사회는 걷잡을 수 없는 혼란과 방종, 무책임의 소용돌이에 빠진다. 그런 사회가 되면 각종 범죄도 지금보다 훨씬 증가할 테고, 남녀관계조차도 '약육강식', '부익부 빈익빈'의 현상이 더욱 심화되어 도덕과 윤리는 찾을 수 없는 극단의 사회가 될 것이다.

세 번 기도하고 결혼하라

결혼을 하지 않는 사람 가운데에는 더 큰 사랑을

위해 독신으로 사는 거룩한 분도 있다. 내가 만나뵌 분으로 이화여대 총장을 역임했던 김옥길, 정의숙, 윤후정 선생님, 이대부속 중고등학교 교장이었던 최윤애 선생님이 있었다. 또 신부님, 수녀님이나 스님들도 하나님을, 부처님을 더 가까이 모시고 많은 세속 인들에게 큰 사랑을 베풀기 위해 그러실 것이다.

하지만 일반 독신주의자 가운데에는 이기주의자가 더 많다고 생각한다. 가정이란 틀 속에 갇히는 게 싫고, 부모를 모시는 일도 싫고, 남편의 뒤치다꺼리도 싫고, 자녀를 양육하는 수고가 싫기 때문이다. 또 나는 자유 지상주의자라서 누구의 간섭도 받지 않고, 내가 하고 싶은 일을 하면서 내 이상대로 살겠다는 그런 생각 때문일 수도 있다.

애초에는 독신주의자가 아니었는데 이상적인 배우자를 만나지 못해 결혼을 하지 않고 독신으로 사는 이도 많으리라 생각된다. 또 전쟁으로, 남녀 성비의 불균형으로, 어쩔 수 없이 독신으로 살아야 하는 사회구조적인 탓도 있을 수 있다. 사실 지난날 무분별하고 몰지각한 남아선호 사상으로 심각한 남녀 성비 불균형을 초래해 오늘날 다문화 가정이 늘어나는 요인이 되었을 뿐 아니라 일부일처제 결혼제도의 위기도 초래한 점이 없지 않다. 아무튼 오늘 우리 사회는 독신주의자의 증가, 이혼 가정의 속출 등으로 기존의 결혼제도에 일대 위기가 닥쳤다.

결론부터 말하면 나는 너희가 평범한 결혼생활을 하길 바란다. 애초 하느님의 뜻도 한 남자와 한 여자가 만나 서로 사랑하고 자녀를 낳아 기르게 만들었을 것이다. "결혼은 해도 후회 안 해도 후회"라는 말이 있다. 그렇다면 결혼을 하지 않고 후회하기보다는 결혼을 하고 후회하지 않는 게 더 낫지 않을까. 물론 결혼을 하고 후회하지 않으면 최상이겠지만.

그렇다면 어떻게 해야 행복한 결혼생활을 할 수 있을까? 성서에 따르면 하나님은 인간을 남자와 여자로 갈라놓고 부부가 되어 살게 했다고 하였지만, 그러나 어떤 남자와(어떤 여자와) 결혼해야 행복할 것이냐에 관해서는 아무 말씀이 없었다. 그만큼 결혼은 한 사람의 일생에 가장 큰 도박이요, 모험이다. 대부분 신혼부부가 사랑을 약속하고 행복을 꿈꾸면서 웨딩마치에 맞추어 예식장을 나서지만 그들이 평생을 행복하게 살리라는 보장이 없으니 결혼은 모험일 수밖에 없다. 독일의 시인 하이네는 "결혼 행진곡은 언제나 싸움터로 향하는 병사의 행진곡을 연상케

한다"고 말했고, 러시아의 어머니들은 결혼하려는 아들에게 "네가 싸움터에 나갈 때는 한 번 기도하라. 바다에 갈 때는 두 번 기도하라. 그리고 결혼생활에 들어가려면 세 번 기도하라"고 타일렀다고 한다. 그만큼 행복한 결혼생활이란 쉽지 않고, 행복한 결혼생활을 위해서는 인생의 고난과 시련이 따른다는 뜻일 게다. 아버지가 너희에게 행복한 결혼생활이 쉽지 않다는 얘기로 이 글을 마무리한다면 무책임한 얘기만 늘어놓은 듯하구나. 그래서 나와 내 언저리 사람들의 결혼생활을 통해 몇 가지 조언을 하겠다.

어떤 배우자가 좋은 배우자일까?

좋은 배우자의 첫째 조건은 이성異性이 아닌 동성同性이라도 좋은 친구가 될 수 있는 사람이다. 요즘 이혼한 부부들의 사유를 보면 서로 대화가 안 된다고 하는 경우가 많은데, 이는 매우 중대한 일이다. 부부란 긴 인생길에 고락을 함께하는 동반자인데 서로 대화가 안 된다는 것은 결혼생활에 치명적인 저해 요인이다. 옛날 사람들은 부부간 대화가 무슨 배부른 애기냐고 그럴지 모르지만, 요즘 세상에는 서로의 이상이나 인생관, 취향, 적성 등이 어느 정도 맞아야 대화가 된다. "사람은 빵만으로 살 수 없다"는 말은 부부생활에도 적용되는 명언이다.

그럼 어떻게 해야 대화가 통하는 배우자를 구할 수 있을까. 그러기 위해서는 결혼 전에 충분한 교제 기간을 갖는 게 좋다. 서양 속담에 "사람들은 서둘러 결혼하기 때문에 그 결과 평생 후회한다"고 했다. 물론 오랜 연애 끝에 결혼한 부부도 파경에 이르기도 하지만, 그래도 교제 기간이 짧은 사람보다는 훨씬 적다. 이런 면에서는 결혼 전에 평소 서로 장단점을 잘 알고 있는 사람이 좋다. 학교 동창이나 선후배도 좋고, 동아리 활동으로 알게 된 친구도 좋고, 직장 동료 또는 교회나 성당 교우도 좋다. 또 같은 분야의 학문이나 예술을 전공하는 사이도 좋고, 취미생활이 같은 사람도 좋다. 어쨌든 당사자끼리 서로 잘 알고, 그의 단점까지도 잘 알고 이해할 수 있는 사이라면 가장 좋은 배우자가 될 것이다.

두 번째는 배우자의 성격이 좋아야 한다. 사람은 미묘한 감정을 지녔기에 어느 한순간에 돌이킬 수 없는 과오를 저지를 수 있다. 사람의 일생은 좋은 때도 있지만 그렇지 않을 때가 더 많을 수도 있다. 특히 어려울 때 남편으로부터, 아내로부터 사랑과 격려를 받는다면 인생의 고비 길을 쉬 넘길 수 있다. 사람에게 가정은 보금자리요 둥지다. 바깥에서 아무리 속이 상해도 가정이 평온하고 배우자로부터 따뜻한 위안을 받으면 가정은 지상 천국이 된다.

세 번째는 결혼 당사자 중심으로 배우자를 택하라. 옛 사람들도 "가마 밖 재물보다 가마 안의 사람이 더 중요하다"고 했다. 결혼의 조건으로 배우자의 집안이나 경제적인 면도 전혀 무시할 수는 없지만 가장 중요한 것은 혼인할 당사자인 곧 '사람'이다. 어떠한 경우라도 재물을 보고 배우자를 택하지 마라. 요즘 결혼 풍속도 가운데에 크게 잘못된 것은 열쇠 몇 개라는 지참금이 배우자 선택의 한 조건이라는 점이다.

"혼인의 일에 재물을 논함은 오랑캐의 도"라고 《명심보감》은 말하고 있고, "지참금은 가시 침대"라는 영국 속담도 있다. 재물이란 물거품과 같아 있다가도 금세 없어지고, 두 사람이 힘을 합하면 얼마든지 모을 수 있다. 재물을 목적으로 한 결혼보다 불행한 결혼은 없다.

그 밖의 조건으로 건강, 종교 등 많은 게 있지만

어찌 보면 이것은 다 세속적이다. 너무 많은 조건을 시시콜콜 따진다면 결혼하기 힘들다. 그 조건을 모두 충족할 배우자는 아마 이 세상에 드물 것이다. 설사 그런 조건을 갖춘 사람이 있다면 너무 완벽한 배우자로서 오히려 행복한 결혼이 안 될 수도 있다. 왜냐하면 가장 이상적인 배우자는 상대의 어떤 부족함을 메워 주는 사람이기 때문이다.

원만한 결혼생활을 위해서는 어떻게 하면 좋을까

서양 속담에 "결혼하기 전에는 두 눈을 크게 떠라. 결혼한 뒤에는 한 눈만 떠라"는 말이 있다. 즉 결혼 전에는 충분한 시간을 가지고 서로가 상대방의 장점 단점을 잘 살펴서 신중히 결정하고, 일단 결혼 뒤에는 상대방의 장점만 보라는 뜻이다. 참으로 원만한 결혼생활을 위한 명언인데, 이 말을 따르기란 여간 어려운 일이 아니다. 결혼을 파경으로 몰고 간 대부분의 사람들은 이 말을 거꾸로 따랐기 때문이다. 결혼 전에는 상대의 장점에만 황홀경에 빠지다가, 결혼 뒤에는 단점만 눈에 보여 그제야 '속았다'는 생각을 하기 때문에 원만한 결혼생활이 유지되지 않는다. 결혼생활 내내 상대방의 좋은 점만 보고 단점은 감싸줄 때, 설사 남들이 바보라고 해도 그러한 사랑이 부부애의 극치라고 할 수 있다. 정히 배우자가 용납할 수 없는 단점을 지녔다면 사랑으로 교화시켜라. 물론 그것 역시 대단히 어려운 일이다. 하지만 그렇게 해야만 결혼생활의 위기를 극복할 수 있고 부부가 해로할 수 있다.

다음으로는 부부가 서로의 직분을 다해야 한다. 남자의 직분은 첫째가 가족을 부양하는 일이요, 둘째는 남편 노릇이요, 셋째가 아버지 노릇이다. 여자의 직분은 첫째가 가사를 돌보는 일이요, 둘째가 아내 노릇이요, 셋째가 어머니 노릇이다. 이러한 역할 분담이 구시대적이라고 할지도 모르겠다. 요즘은 여성도 사회 진출을 해서 돈을 버는 세상에 굳이 가족의 부양을 남자에게 지우고 가사 일을 여자에게 미루는 것은 옳지 않다. 하지만 남녀가 동등하고 평등하다 할지라도 완전히 똑같을 수야 없지 않느냐.

부부생활은 인생의 이중창이다. 예로부터 부부 사이가 화목한 것을 금실지락琴瑟之樂이라 했다. 곧 거문고와 비파의 화음이다. 부부가 각기 내는 소리는 달라야 하면서 서로 이심전심 맞아야 한다. 각자 자기의 역할에 최선을 다하라.

결혼생활의 위기는 어떻게 극복해야 할까

아무리 뜨거운 열애 끝에 결혼한 사람도 일단 결혼생활에 접어들면 위기를 한두 번 겪지 않은 사람은 드물다. 아니 한두 번이 아니라 시시때때로 수없이 반복될 수도 있다. 아버지도 결혼한 지 30년이 넘었는데 그런 위기가 여러 번 있었다. 너희 어머니에게 물어도 같은 답이 나올 게다. 그 위기를 어떻게 넘겼느냐? 나는 그때마다 아우렐리우스의 《명상록》 한 구절을 떠올렸다.

"당신은 한 시간에 세 번이나 자기 자신을 저주하는 자로부터 칭찬받기를 원하는가? 당신은 자신조차도 자기 마음에 들지 않는 자의 마음에 들기를 원하는가?"

사람은 자기 자신도 미울 때가 많다. 그런데 나 아닌 다른 이가 미울 때가 없으랴. 또 "예수님이나 부처님은 만천하 백성과 중생을 사랑하고 불쌍히 여졌는데 어쨌든 나와 인연을 맺은 한 사람을 사랑조차 하지 못하고 미워한다면 얼마나 옹졸한 사람일까?" 라고 생각하며 내 마음을 다스리려고 애썼다. 그리고 너희에게 미칠 영향도 생각했다. 아마 너희 어머니도 비슷했을 것이다.

결혼생활의 위기 극복의 최선의 방법은 케케묵은 얘기일지 모르지만 '인내'이다. 서로 모든 것을 참고 지내다 보면 그 위기는 슬기롭게 넘어가게 마련이다. "세월이 약"이란 말은 이 경우에도 아주 적확한 명언이다. 배우자에게 실망하고 환멸을 느꼈다고 '욱'하는 감정으로 성급하게 어떤 결단을 내리지 마라. 그러면 또 다른 화근을 만들고 만일 그때 너희 자식이 있다면 그 아이에게는 평생 가슴에 상처가 되는 몹쓸 짓을 하는 것이다. 행복한 결혼생활에 대한 해프만의 말을 되돌아보자.

결혼해서 행복하게 사는 사람들이란 결국 결혼도 인간의 다른 모든 제도에 견주어 유별나게 더 좋거나 나쁜 것도 없다는 것을 알아차린 사람들이다. 그리고 더 중요한 것은 그들이 자기 자신과 배우자를 크게 기대하지 않고, 있는 그대로 받아들이는 것을 익힌 사람들이다.

결혼을 앞둔 딸에게

너는 이제 성년을 넘겼으니 네 의지에 따라 결혼할 수 있다. 결혼에 관한 한 네 의사를 최대한 존중하겠다만, 네가 그런 결정을 내리기 전에 반드시 어미 아비와 상의해주기를 바란다. 그것이 너를 낳아주고 여태 길러준 부모에 대한 자식으로서의 최소한 예의라고 생각한다. 나는 무턱대고 네가 선택한 결혼 상대자에게 반대할 생각은 추호도 없다. 부모의 뜻대로 자식의 인생길이 펼쳐지지 않음을 알고 있기 때문이다.

큰 인물 뒤에는 반드시 훌륭한 부모와 아내가 있다. 특히 남자의 힘은 여자로부터 나온다. 그것이 위대한 사랑의 힘이다. 네 남편이 이 사회에 빛과 소금과 같은 인물이 될 수 있게 너는 훌륭한 연출자가 되어라. 현명한 아내는 자기를 희생함으로써 화목한 가정을 이룬다. 사랑은 자기를 버리는 희생이다. 자기를 버림으로써 더 큰 사랑을 얻는다. 남자란 참 단순하단다. 아침 출근 때 아내의 상냥한 인사는 그날 하루 내내 남편을 즐겁게 한다. 그야말로 가화만사성家和萬事成이다. 네 말 한마디가 남편에게 용기를 주고 너의 가정을 화목하게 하는 원천이 되므로 늘 곱고 상냥한 말을 쓰는 데 인색하지 마라. 네 남편에게 습관적으로 바가지를 긁지 마라. 성경에도 “바가지 긁는 아내와 큰집에 사는 것보다 움막에서 혼자 사는 편이 낫다”는 말씀이 있다. 아내의 바가지는 동서고금을 막론하고 남편을 기죽게 하고 괴롭히는 가시방석이다. 혹시 네 남편의 수입이 적다고 주눅 들게 하지 말고, 네 친구 남편과 견주지 마라. 나는 이 사회가 부정부패로 얼룩지게 된 데는 아내들의 책임이 가장 크다고 생각한다. 혹여나 남편이 봉급 이외 뭉칫돈을 가져올 때는 반드시 돈의 출처를 물어 그 돈이 정당치 못할 때는 돌려주도록 하라. 남자들이 부정부패에 가담하는 데는 여자들의 환심을 사기 위해 그런 경우가 태반이다. 절대로 수입보다 지출이 많은 집안 살림을 꾸려가지 마라. 우리 사회의 건전한 경제는 주부의 손에 달려 있다고 해도 지나친 말이 아니다.

그리고 부드러운 여자가 되라. 남자란 부드러운 여자를 대하면 늘 마음이 편하다. 왜 여성만 희생해야 하느냐고 억울해 하지 마라.

아직도 우리나라는 남존여비 인습에 얽매였다는 피해 의식을 갖지 마라. 곰곰 따져보면 우리나라처럼 남녀 역할 분담이 잘된 나라도 드물다. 남녀 평등이 잘되었다는 서양에서는 여자가 결혼을 하면 자기의 성姓을 버리고 남편의 성을 따른다. 이 얼마나 여권을 무시하는 인습이냐.

부부가 한평생 살다 보면 서로 싸울 수도 있다. 그때도 '인내'가 제일이다. 영국의 속담에 "아내의 인내만큼 아내의 명예가 되는 것이 없고, 인내만큼 아내의 명예로 되지 않는 것도 없다"고 했다. 인내는 아내가 갖춰야 할 첫째 덕목이요, 마지막 덕목이다. 절대로 네 화를 참지 못하고 가출을 하는 일은 없도록 하라. 결혼생활에서 일방으로 집을 뛰쳐나오는 일은 가장 나쁜 일이다. 네 인생은 네 인생이지만 결혼해서 가정을 가지면 네 혼자 인생이 아니다. 나는 너의 현명함을 믿는다. 너는 누구보다 네 가정을 잘 꾸려갈 것이다. 그러면서도 걱정이 지나쳐 생각나는 대로 몇 마디 붙였다. 아버지의 말을 마음에 새겨두면 언젠가는 약이 될 것이다.

결혼을 앞둔 아들에게

"좋은 아내를 갖는 것은 제2의 어머니를 갖는 것과 같다"고 했다. 좋은 아내를 얻는 게 어찌 너만의 기쁨이겠느냐. 그것이야말로 온 집안의 경사다.
네 아내 한 사람으로서 집안에 활기가 넘칠 수도 있고, 그 반대일 수도 있다. 하지만 좋은 아내란 상대적으로 좋은 남편이 좋은 아내를 만든다. 물론 좋은 아내는 좋은 남편도 만든다. 원만한 결혼생활과 화목한 가정을 이루기 위해 먼저 네 자신이 좋은 남편이 되도록 노력하라.

어떻게 해야 좋은 남편이 될 수 있을까? 이것 역시 사람에 따라 다르다. 나의 얘기가 그 해답이 될지는 모르겠다만 그 첫째로 능력 있는 남자가 돼야 한다. 남자가 결혼을 해서 한 가정을 이룬다는 것은 책임과 의무가 따르는 것이다. 그 책임과 의무를 다하는 게 능력 있는 남자다. 무능한 남편은 곧 아내를 실망시킨다. '동물의 세계'를 보아라. 암컷은 능력 있는 수컷을 따른다. 내가 어렸을 때 본 일을 얘기해주겠다.

어느 날 우리 집에서 기르고 있던 수탉이 암탉을 거느리고 집 밖의 도랑에서 지렁이를 잡아 오찬을 즐기고 있었다.

그때 이웃집 수탉이 암탉과 함께 나타났다. 두 수탉은 서로 남의 집 암탉을 쳐다보다가 “왜 남의 여편네를 쳐다 보냐?”고 으르렁거렸고 마침내 한 판 붙었다. 그런 광경을 두 집 암탉들은 구경만 했다. 끝내 우리 집 수탉이 볏에 피를 흘리며 쫓겨났다. 우리 집 암탉들은 그때부터 이웃집 수탉을 따랐다. 이튿날 우리 집 암탉이 이웃집 둥지에다 알까지 낳았다.

그런 일이 여러 날 계속되자 속이 상하신 할아버지는 아무래도 안 되겠다고 하시면서 우리 집 수탉을 제사상에 올리고는 다음 장날 몸집이 더 크고 사나운 놈을 사오시는 걸 봤다. 그 뒤로 우리 집 암탉은 이웃집 둥지에 가서 알을 낳지 않았다. 인간세계의 일을 동물의 세계에 견주어서 얘기한 점은 좀 지나친 바 있다만, 인간도 동물인 이상 인간세계에서도 이와 비슷한 일이 벌어지고 있다. 사람에게는 동물에게 없는 이성이 있다만 이성만으로는 살 수 없는 게 인간세계이기도 하다. 도덕과 윤리만이 인간세상의 금과옥조일 수 없다. 예로부터 남편과 젓가락은 강할수록 좋다는 우스갯소리가 있다.

둘째로 네 아내를 진심으로 사랑하라. 여자는 자

기를 사랑해주는 남자를 위해 목숨을 바친다. 사랑은 믿음이다. 아내의 믿음을 저버리지 마라. 아내는 네 사랑을 믿고 자기가 살던 집을 떠나 너와 백년가약을 맺은 것이다.

셋째로 결혼을 한 뒤에는 모든 것은 아내와 상의하라. 그리고 양보하라. 화목한 가정을 이루고 있는 분에게 그 비결을 물었더니 그분 말씀이 집안일 백가지 가운데에 아흔아홉 가지는 아내에게 양보했다고 하더구나. 긴 인생을 사노라면 어려운 일도 많이 생긴다. 그때 혼자 끙끙 앓지 말고 네 아내와 상의하라. 두 사람이 힘을 합쳐 고민하고 헤쳐나갈 때 어려웠던 일은 훨씬 쉽게 풀리고 네 아내는 내조의 보람을 느낄 것이다.

너희는 부디 행복한 가정을 이뤄다오. 행복은 돈으로 살 수 없다. 오직 부부 두 사람이 공동으로 만들 수 있다. 머지않은 날에 너희가 꾸밀 행복한 새 가정을 위해 이 밤 나는 근신하면서 기도드린다.

사람이 되라

디오게네스의 촛불

고대 그리스의 철학자 디오게네스는 통 속에서 살았다. 그 무렵 그리스를 정복하고 기고만장한 알렉산드로스 대왕이 그의 소문을 듣고 한번 만나보고자 하여 그를 불렀으나 디오게네스는 응하지 않았다. 하는 수없이 대왕이 직접 그를 만나러 갔다. 그때 디오게네스는 통 밖에서 햇볕을 쬐고 있었다. 대왕은 그에게 “나 알렉산드로스 대왕인데 필요한 게 있으면 말하시오”라고 하자, 디오게네스는 “저리 비키시오. 햇볕이 가려지지 않게”라고 대답했다. 또한 디오게네스는 대낮에도 촛불을 켜고 다녔다. 사람들이 의아해서 묻자 그는 “사람을 찾기 위해서”라고 대답했다. 예나 지금이나 사람은 많지만 사람다운 사람이 드물었나 보다.

나의 매제는 대기업 인사부장과 인사 담당 이사를

여러 해 맡았는데 해마다 신입사원 채용 때에는 입사 응시자가 수천 명이 넘지만 회사에서 필요로 하는 인재를 고르기가 여간 어렵지 않았다고 토로했다. 그만 그런 게 아니다. 대부분 기업주들은 입사 희망자는 지천으로 많은데 쓸 만한 사람이 없다고 이구동성이다.

예사 사람들도 마찬가지다. 딸을 둔 부모는 사윗감이 없다고 푸념을 하고, 아들을 둔 부모는 며느릿감이 없다고 걱정을 한다. 선생님들은 요즘 제자다운 제자가 없다고 탄식을 하는가 하면, 또 학생들은 스승다운 스승이 없다고 토로한다. 선거철만 되면 국회의원이 되겠다고, 대통령이 되겠다고 나서는 입후보자는 많은데, 유권자들은 그 사람이 그 사람으로 죄다 나라와 민족의 앞날보다 제 사리사욕에 눈이 어두운 자라고, 찍을 후보자가 없다고 하면서 기권하는 추세가 늘어나고 있다. 어쨌든 어딜 가나 사람이 미어질 정도로 많은데 사람이 없다고 아우성이다. 하긴 요즘 벌어지고 있는 추한 사람들의 꼴들을 어찌 글로 전할 수 있으랴. 옛날에는 그런 사람을 인면수심(人面獸心, 사람의 얼굴을 하고 있으나 마음은 짐승과 같다)이라고 했는데, 요즘에 벌어지고 있는 현상들은 짐승보다 못한 사람들이 우리 사회를 얼룩지게 하고 있다.

사람이 되라. 어느 재벌 총수가 부하직원으로부터 받은 배신감을 이기지 못해 고층 건물에서 투신자살하면서 남긴 유서에 담긴 말로 한때 유행했던 말이다. 재벌 총수의 부하 임원은 일류대학을 나온 유능한 사람이었다. 그래서 재벌 총수는 그를 키웠고 기업 경영까지 맡겼다. 그러나 그는 배은망덕하게도 재벌 총수의 약점을 끈질기게 물고 늘어졌다. 재벌 총수는 호랑이 새끼를 키웠던 것이다. 얼마나 배신감이 컸으면 '사람이 되라'는 말을 남기고 세상을 하직했을까.

사람은 누구나 태어남으로써 사람이 된다. 하지만 사람으로 태어났다고 모두 사람다운 사람이 되는 것은 아니다. 사람은 크게 두 부류로 나눌 수 있으니 곧 동물적(본능적) 사람이요, 다른 하나는 이성적 사람이다. 이 동물적 사람이 교육을 받음으로써 이성적 사람이 되는데 이 이성적 사람이 사람다운 사람이다.

오늘날 우리는 교육의 홍수 속에서 살고 있다. 대부분 고등교육을 받고 국내에서도 부족해 비싼 돈을 들여 외국 유학까지 하지만 사람다운 사람이 극히 드물다.

사람이면 다 사람인가? 아버지의 유산을 빨리 상속받고자 아버지를 시해한 어느 대학 교수나, 재혼에 방해된다고 자녀를 버리거나 살해한 비정의 부모, 또 무슨 무슨 파 폭력배들이 돈 몇 푼을 빼앗고는 증거를 없애기 위해 시체를 불태우거나 암매장하는 등의 작태를 볼 때, 오히려 짐승 보기 부끄러운 세상이 되었다.

각종 부정 비리의 주범들은 대부분 이 나라 지도층이요 최고 학벌을 지닌 자들이다. 그런데 왜 우리나라에서는 교육을 많이 받은 자들이 사람답지 못할까? 그 일차적인 책임은 오늘의 교육에 있다. 사람이 되는 교육은 저만치 팽개쳐둔 채 지식과 기술만 습득하는 출세 지향주의 교육, 이기심 극대화주의 교육으로만 치달아 비인간적이고 탐욕스런 인간만 양산한 느낌이다. 그동안 우리 사회는 양심, 정의, 진실, 청렴, 지조, 도덕 등 이런 단어보다 부정, 부패, 뇌물, 청탁, 협잡, 공갈, 폭력, 사기, 가짜 등의 단어들이 판쳤고, 그런 사람들이 진짜를 누르고 행세했기 때문에 우리 사회의 오염도가 심각해진 것이다. 하긴 예나 지금이나 사람다운 사람은 적었나 보다. 옛날부터 전해 내려오는 〈호랑이 눈썹〉이란 우화 한 토막을 소개하겠다.

호랑이 눈썹

아주 오랜 옛날 어느 산골 마을에 마음씨 착한 나무꾼이 살았다. 나무꾼은 날마다 산에 가서 나무를 해 장에다 팔아 곡식과 반찬을 사서는 앞 못 보는 늙은 어머니를 봉양하고 처자식을 거뒀다. 가난한 살림이었지만 이웃의 불행에는 늘 앞장섰고 자신의 양식을 아껴 불우한 이웃을 도왔다. 어느 날 나무꾼이 깊은 산골에서 도끼로 큰 나무를 쓰러뜨린 후 땀을 닦으며 잠시 쉬고 있는데 갑자기 호랑이가 '어흥' 하면서 나타났다. 나무꾼은 놀란 나머지 '으악!' 비명을 지르면서 기절했다.

얼마 뒤 나무꾼이 눈을 뜨자 컴컴한 동굴이었다. 나무꾼은 이곳이 이승인지 저승인지 몰라 자기의 다리를 꼬집었더니 아픈 감각이 있어서 이승인 줄 알았다. 점차 동공이 커져 어둡던 동굴 안의 사물들이 희미하게 시야에 어른거릴 때 나무꾼은 다시 놀랐다.

호랑이란 놈이 위에서 내려다보고 있었기 때문이었다.

"놀라지 마라."

호랑이는 꼬리로 나무꾼을 가볍게 치면서 빙그레 웃었다. 그때 나무꾼은 이런 생각을 했다.

'오라, 이놈이 지금은 배가 부른 모양이구나. 하지만 곧 시장하면 나를 잡아먹을 테지.'

차츰 초조해진 나무꾼은 호랑이에게 하소연을 했다.

"호랑이님, 어서 저를 드시지요. 죽음의 시간을 기다리기가 너무 괴롭습니다."

그러자 호랑이는 고개를 천천히 가로 저으며 말했다.

"나는 만물의 영장인 사람은 절대로 잡아먹지 않아."

그제야 나무꾼은 안도의 숨을 내쉬면서 일어나 주위를 살폈다. 동굴 안 여기저기에는 동물의 뼈다귀, 사람의 해골과 팔다리뼈들이 어지럽게 널려 있었다. 보름 전 갑자기 마을에서 실종된 고리대금업자 김 첨지의 망건과 담배쌈지도 보였다. 나무꾼은 호랑이에게 물었다.

"저건 분명히 김 첨지의 망건과 담배쌈지인데 어떻게 된 겁니까?"

"쳇! 그자가 사람이야? 그자는 사람이 아니야."

호랑이는 콧방귀를 뀌었다.

"사람이 아니라뇨?"

"그자는 사람의 탈을 쓴 이리였다고. 사람의 탈을 쓰고서 온갖 못된 짓은 다 했었지. 인간 세상에서는 그런 자를 양두구육이라고 한다지. 그래서 내가 잡아먹었어."

놀랄 일이었다. 호랑이는 마을에서 일어난 자그마한 일까지도 죄다 꿰뚫고 있었다. 김 첨지가 보릿고개 때 쌀 한 말 꿔주고는 가을 추수 때 두 말씩 꼬박꼬박 받았고 그걸 못 갚으면 이자에 이자를 물려 가축까지, 나중에는 그 집 딸까지 빼앗아 첩으로 삼는 고약한 짓을 한 걸 호랑이는 손금 보듯 환히 알고 있었다.

"놀라게 해서 미안해. 어서 집에 가 봐. 가족들이 애타게 기다릴 테니."

나무꾼이 바지를 툴툴 털고 호랑이 굴을 빠져나오

려는데 호랑이가 불렀다.

"잠깐, 내 너에게 선물을 하나 주겠다. 나는 사람과 동물을 구별하는 눈썹을 가졌거든. 내 눈썹을 하나 뽑아줄 테니 요긴하게 쓰라고."

나무꾼은 호랑이가 준 눈썹을 받아 깊숙한 곳에 간직하고는 산에서 내려왔다.

이튿날은 장날이라 나무꾼은 장작 한 짐을 지고 장터로 갔다. 나무를 이내 판 후 나무꾼은 호기심으로 장터에 모인 많은 사람들 중에서 사람은 몇이나 되는가 보려고 호랑이 눈썹을 자기 눈에다 끼웠더니 아, 글쎄 온갖 짐승들이 다 모여 있었다. 늑대, 이리, 개, 너구리, 멧돼지, 소, 원숭이……. 그 많은 짐승 무리 가운데 사람은 불과 다섯 손가락을 꼽을 정도였다.

이 이야기에서 보듯이, 사람다운 사람이 된다는 것은 말로는 쉽지만 막상 그렇게 되기는 어렵다. 이는 자신의 탐욕으로 눈과 귀가 멀어 보이지도 들리지도 않기 때문이다. 그렇다면 사람다운 사람이란 어떤 사람인가? 그것은 나만 잘 사는 게 아니라 이웃과 사회 더 나아가 이 우주의 만물과 더불어 살 수 있도록 노력하는 사람이다. 사람다운 사람은 세속의 부귀 빈천과 별로 상관이 없다. 촌부나 저잣거리에서 만난 뭇사람에게서 오히려 훌륭한 사람을 찾을 수 있다.

우리는 왜 배우는가? 그것은 사람다운 사람이 되기 위해서다. 먼저 사람이 되지 않고 지식과 기술을 쌓는다면 차라리 교육을 받지 않은 사람보다 더 사악한 사람이 되리라.

너희는 먼저 사람이 되라. 그리고 나서 지식과 기술을 습득하라.

영원한 것은 없다

저승길에는 순서가 없다

너희는 한밤중의 전화 통화가 예사로운 일인 것 같다. 학교에서 방과 후 보충수업, 자율학습, 그것이 끝나면 다시 학원으로, 독서실로 가기에 귀가 시간이 늦어서 친구와 그 시간 아니면 통화할 수 없다는 점에서는 한편 이해는 가지만, 아주 급하고 특별한 용무가 아니라면 밤 10시 이후에 전화는 하지 않는 것이 예의란다. 아버지는 구세대라서 그런지 몰라도 한밤중에 걸려온 전화는 우선 마음이 불안하다. 한밤중에 받은 전화는 대부분 누군가 위독하다든지, 지금 막 운명하였다든지, 아니면 아이가 아직도 집에 돌아오지 않아서 실례를 무릅쓰고 전화를 드린다면서 아이와 친한 친구네 전화를 알려달라는 학부모의 전화가 대부분이다. 학부모인 경우는 내가 아는 대로 답해주거나 아니면 별일이 있겠느냐고 조금 더

기다려보라고 안심을 시켜 드리면 되지만, 병원 응급실에서 위독하다는, 돌아가셨다는 전화는 잠을 싹 가시게 한다. 깊은 밤중에 내게 비보를 알리는 전화는 가까운 혈육 아니면 매우 친한 친구다.

최근 한밤중에 받은 전화 비보는 큰 매제의 운명 소식이었다. 막 풋잠에 들었을 무렵, 아내가 건네준 전화를 받으니 부산에 사는 막내 매제였다.

“형님, 놀라지 마십시오…. 놀라지 마십시오.”

“원 서방, 무슨 일이야. 알았어. 놀라지 않을 테니 어서 말해봐.”

“저도 방금 큰 처형한테 전화 받고 형님에게 알리는 겁니다... 큰동서가 오늘 오후 직장 동료들과 기장 횟집에 갔다가 봉고차를 타고 돌아오는 길에 국도에서 덤프트럭과 정면충돌해….”

“그래서, 어떻게 되었나?”

“저도 현장을 확인하지 못해 잘은 모르겠습니다. 확인하는 대로 다시 전화 드리겠습니다.”

30분쯤 뒤 다시 전화가 왔다. 큰 매제는 현장에서 곧장 돌아가시고 양산에 있는 한 병원에 시신이 안치돼 있다고 했다.

우리 형제·자매 중, 유일하게 미혼으로 살던 동생이 마흔이 넘은 나이에 뒤늦게서야 결혼하겠다고 배우자를 데리고 나를 찾았을 때, 나는 무척 반가웠고 우리 여섯 남매는 멍에를 벗는 듯해서 기뻤다.

"형님, 앞으로 최소한 20년은 책임지겠습니다."

그는 나와 첫 대면에서 승낙을 쉬 얻으려는 듯, 모든 면에 자신감 넘치게 말했다. 내가 보기에도 생활력도 있고 건강 해보였으며 무엇보다 본인이 결정했다니, 두 사람 모두 남보다 다소 늦은 결혼이지만 행복하게 살아가기를 바랄 뿐이었다. 부모님이 안 계시기에 나는 혼주로서 그들 결혼에 한 치의 흠도 보이지 않으려고 최선을 다해 결혼식 준비를 했다. 청첩 문안, 청첩장의 디자인까지 신경을 써가며 모두 내 손으로 만들었다. 온 집안 친지들의 축하 속에 조촐하면서도 하객에게 소홀함이 없도록 결혼식은 무사히 끝냈다. 동생은 20년 넘게 다니던 직장에 사표를 내고 마침내 전업 주부가 됐다.

추석 성묘 길에 동생 내외와 동행했다. 운전은 매제가 했다. 그는 고교 졸업 뒤 곧장 배웠다는 운전 솜씨라 매우 능숙하게 차를 몰았다. 고속도로를 달리다 옆에 봉고차가 지나자 그는 내게 말했다.

"형님, 봉고차는 절대 타지 마십시오. 제일 위험합니다. 저 차는 다른 차와 부딪치면 성냥갑처럼 그대로 구겨집니다."

신혼여행을 다녀온 동생이 서울 생활을 청산하고 신접살림을 꾸려서 시집인 부산으로 갔다. 그날 오전, 궁금한 차에 전화를 했더니 남편은 직장에 나가고 지금 결혼식 때 찍은 사진을 찾아 정리 중인데 오늘 중으로 오빠에게도 우송하겠다고 밝은 목소리였다.

동생이 결혼한 지 한 달도 안 돼, 짐을 꾸려 시집간 지 보름 만에 그는 자기 입으로 가장 위험하다는 봉고차를 직장 동료들과 타고 가다 끝내 '불귀(不歸, 돌아오지 않음)의 객'이 되고 말았다.

죽음은 자연을 돕는다

나는 오늘도 내가 살아 있음에 감사드린다. 내가 살아 있기에 너희에게 이 얘기도 들려줄 수 있지 않느냐. 한 치 앞을 내다볼 수 없는 게 우리네 인생이니까 내가 내일, 모레…. 그 언제 죽음의 사자가 나를 찾아올지 모르겠다. 부모나 형제·자매와 같은 혈육의 죽음은 남은 가족으로서는 가장 슬픈 일이다. 하지만 한 차원 높은 단계에서 죽음을 생각한다면 죽음은 그렇게 슬퍼할 일도 아니다. 나는 그 언젠가 찾아올 죽음의 사자를 담담히 맞을 수 있을 것 같다. 오늘까지 삶을 허락해준 것도 감사하게 생각한다.

부처님이 사밧티의 기원정사에 계실 때였다. 3대 독자를 잃은 한 과부는 비탄에 빠져 먹지도 자지도 않고 울기만 했다. 마침 부처님이 사밧티의 기원정사에 계신다는 얘기를 듣고 과부는 부처님을 찾아가 슬픔과 박복함을 하소연했다.

"부처님, 저에게 이 슬픔에서 벗어날 길을 가르쳐주십시오."

비탄에 젖은 과부의 말을 다 듣고 나신 부처님은 이렇게 말씀하셨다.

"가엾은 아주머니, 내게 한 가지 방법이 있소. 지금 곧 마을로 가서 사람이 아무도 죽은 일이 없는 집을 일곱 군데를 찾아서 쌀 한 홉씩 일곱 홉만 얻어오시오. 그러면 내가 그 슬픔에서 벗어나는 길을 가르쳐주겠소."

"네, 부처님. 감사합니다. 제가 곧 얻어오지요."

과부는 바삐 마을로 갔다. 집집마다 대문을 두드리고는 사람이 죽은 일이 없느냐고 물었다. 모두들 고개를 흔들었다. 이웃 마을로 갔으나 마찬가지였다. 며칠이 지난 뒤 그 과부는 한 홉의 쌀도 얻지 못한 채 맥이 빠져 부처님에게 돌아왔다.

부처님이 조용히 부드럽게 물었다.

"아주머니, 사람이 죽지 않은 집이 있었습니까?"

"…"

그제야 과부는 부처님이 하신 말씀의 깊은 뜻을 깨달았다. 부처님을 우러러보는 과부의 얼굴에는 어느새 슬픔의 그림자가 지워져 있었다.

〈페이터의 산문〉에 따르면, "죽음은 자연을 돕고, 자연을 이롭게 한다"고 했다. 마치 가을에 떨어진 나뭇잎이 땅에 떨어져 썩어 이듬해 봄 새싹의 거름이 되는 것과 같은 이치다. 만일 이 세상에 태어난 사람이 죽지 않고 모두 산다면 더 이상의 비극은 없다. 이 지구는 콩나물시루처럼 사람으로 가득 찰 테고, 그로 인해 아주 끔찍한 일들이 벌어질 것이다. 지금도 우리 사회에 골치 아픈 많은 문제들인 주택, 식량, 공해, 교육, 범죄 등이 모두 적정 인구를 초과한 탓으로 일어난다고 해도 과언이 아니다.

또 사람이 죽어서 그 시신이 썩지 않는다면 그 역시 비극이다. 그동안 죽은 사람이 썩지 않고 땅에 묻혀 있다면, 이곳저곳 땅만 파면 사람의 시체로 도저히 살 수 없을 것이다. 자연은 알아서 이 세상에 태어난 생명들을 죽게 하고 또 그 시체는 썩도록 하여 새 생명의 터전이 되게 하고 거름이 되게 한다.

죽음에 대한 철학을 가지자

모든 사람은 죽는다. 아니 사람뿐 아니라 모든 생명, 지상의 모든 물체는 사라진다. 영원한 것은 없다. 그래서 무상(無常, 모든 것이 덧없음)하다. 나는 졸업반을 담임할 때, 그들이 졸업식을 끝내고 교실로 돌아와 졸업장, 앨범, 기념품 등 모든 것을 다 나눠준 뒤, 마지막 인사말로 "모든 생명은 죽는다"는 얘기를 하면서 '죽음에 대한 철학'을 가지면서 살라고 당부한다.

죽음은 먼 곳에 있지 않고 늘 우리와 가까운 곳에 있다. “사람은 태어나자마자 죽음이 시작된다” “대문 밖이 저승이다”는 말은 맞는 말이다. 그런데도 대부분의 사람들은 자신만은 예외로 천년만년 산다고 착각하면서 살아가고 있다. 하긴 그것이 행복하게 사는 비결인지도 모르겠다. 죽음의 공포에서 해방된 채 살아가니까.

내가 이 글에서 말하고자 하는 바는, 모든 사람은 죽는다. 따라서 단 한 번의 인생이므로 살아 있는 동안 최선을 다하라는 것과 사람답게 살다가 죽음을 맞으라는 것이다. 그리고 죽음이란 두려워한다고 피해 가지 않고, 또 죽음은 그 자체가 인생의 한 과정이라는 점이다. 이 세상의 모든 사람은 누구나 이 세상에 한 번 왔다가 가는 나그네다. 성경의 〈시편〉에 보면 “저희는 잠깐 자는 것과 같으며, 아침에 돋는 풀과 같다. 풀은 아침에 꽃이 피어 자라다가 저녁에 벤 바 되어 마르나이다”라고 하며 인생의 짧음과 덧없음, 생명의 유한함을 말씀하고 있다.

중국 당나라의 시선 이백도 “천지라는 것은 만물의 여관이요, 세월은 영원한 나그네다”고 읊었다. 여기서 ‘천지’란 이 세상을 말함일 게다. 곧 이 글이

뜻한 바는 사람을 비롯한 이 세상의 삼라만상 모든 만물은 이 세상에 잠시 머무는 투숙객에 지나지 않는다. 그리고 세월이란 잠시도 멈추지 않고 흐른다는 뜻이다.

그렇다면 천지의 주인은 누구일까? 그 해답은 사람에 따라 다를 것이다. 기독교를 믿는 사람들은 의당 '하나님', 불자들은 '부처님'이라고 우길 테고, 회교도들은 '알라신'이라고 목소리를 높일 테고, 그도저도 아닌 무신론자들은 막연히 '조물주'라고 말할 것이다. 하지만 천지의 주인은 하나일 것이다. 자기가 믿는 종교나 철학 또는 인생관에 따라 하나님, 부처님, 알라신, 조물주 등 호칭이 다를 뿐이다. 어떤 호칭으로 불리든, 천지의 주인이 좋아할 사람은 과연 누구일가를 생각해보고자 한다.

기독교에서는 "어린아이들과 같이 되지 아니하면 결단코 천국에 들어가지 못하리라"고 하여 어린이와 같은 순수한 마음을 지닌 사람이 하나님이 좋아하는, 곧 천국으로 가는 0순위일 테다. 불교에서는 모든 중생을 어여쁘게 여기는 자비심을 지닌 사람이 극락세계로 가는 0순위일 테다. 또 유학을 숭상하는 우리나라의 옛 선인들은 다른 이에게 적선을 많이 한 사람이 죽어서 좋은 곳을 간다고 믿었다. 모두 다 나름대로 일리가 있는 새겨들을 만한 말씀들이다.

깨끗이 살다가 떠나자

나는 호텔이나 여관은 경영해보지 않았지만 그 주인들이 좋아하는 손님은 어떤 사람일까에 대해서는 한번 생각해보았다. 주인에 따라 좋아하는 사람이 다소 다를 것이다. 숙박료를 잘 내는 손님, 자주 찾아주는 단골손님, 팁이 후한 손님, 부대시설을 많이 이용해서 수입을 올려주는 손님, 다른 고객을 많이 유치해주는 손님 등 좋아하는 스타일이 천태만상일 테다. 하지만 다음과 같은 손님은 모든 주인들이 다 좋아할 테다. 조용히 찾아와서 모든 시설을 깨끗이 쓰고 숙박료를 제대로 치르면서 제시간 안에 떠나는 손님일 것이다. 아마 이런 손님은 어느 나라 어떤 별난 주인도 좋아요, 하오하오, 원더풀, 넘버 원, 베리 굿, 프리마 등등 할 것이다.

하나님은, 부처님은, 조물주는 바로 이런 손님을

좋아하고 또 이런 손님을 그분 곁으로 부르시리라. 어느 나라 사람이든, 피부색이 어떠하든, 얼굴이 예쁘든 밉든, 부자든 가난뱅이든, 지위가 높고 낮음을 가리지 않고 그를 천국으로 인도하리라.

우리들은 이 세상에 손님으로 잠시 머물다 떠난다. 그리고 이 세상은 나 아닌 다른 손님이 내 뒤를 이어 찾아온다. 그리고 또 다른 손님이 줄줄이 이어 찾아든다. 결코 이 세상에 내 것은 있을 수 없다. 다만 내가 천지의 주인으로부터 잠시 빌려 쓸 뿐이다. 하나님의 것을, 부처님의 것을, 조물주의 것을 마치 내 것인 양, 이 세상의 만물을 마구 쓰고 헤치고 지저분하게 늘어놓고 함부로 버리고 분에 넘치게 쓰고 먹고 때가 지났는데도 가지 않겠다고 발버둥치면 마침내 이 세상의 주인으로부터 배척을 받을 것이다.

영원한 것은 없다. 생명을 가진 것은 모두 죽는다. 따라서 모든 사람도 죽는다. 우리가 굳이 죽은 뒤 명성에 연연해 할 필요는 없지만, 그렇다고 죽은 뒤 천지의 주인으로부터 배척을 받고, 이 세상에 남은 사람들로부터 지저분하고 욕심 많게 살다 갔다고, 내 시신 위에다 험담을 쏟아놓는 그런 일이야 있어서야 될 일이냐.

너와 나, 이 세상에 온 이상 조용히, 깨끗이 살다가 자기 몫을 다하고 제때에 소리 없이 떠나는 사람이 되자. 하지만 그게 어디 내 마음 네 마음대로 되는 세상이냐. 나는 다만 그렇게 되기를 이 밤 천지 신명에게 빌고 빌 뿐이다.

발문 ‖ 사람의 길을 가르치는 귀한 이야기들

이 책을 쓰신 박도 선생님이 발문을 써달라는 부탁을 해왔다. 나 같은 사람이 남의 귀한 책에다가 무슨 말을 쓰겠는가 싶어 사절했지만, 간곡한 부탁을 끝내 뿌리치지 못하고 원고를 받아놓고는 곧 뉘우쳤다. 그것은 이 책이 교단생활을 한 분들이 흔히 쓰는, 제자들을 훈시하는 케케묵은 가르침으로 된 글이 아닐까하는 염려 때문이었다. 그런데 막상 읽어보니 그게 아니었다. 편마다 교육을 올곧은 사람의 길에서 생각하고 걱정하는 건강한 어떤 바탕 같은 것이 느껴지고, 우선 무엇보다도 재미있게 읽힌다. 그래서 책 원고의 거의 대부분을 아주 그 속에 빠져서 단숨에 읽다시피 했다.

나는 이 책에서 우리 시대의 성실한 교육자 박도 선생을 만나게 되어 참으로 반갑고 기뻤다. 박 선생님이 하신 말씀 한 가지 한 가지가 우리 집 아이들, 이웃 아이들, 그리고 오늘을 괴로워하면서 살아가는 모든 청소년들에게 꼭 들려주고 싶은 귀한 말씀이고, 나 자신이 아이들에게 들려주고 싶었던 말이구나 하고 느꼈다. 귀한 가르침을 선생님은 말로만, 이치로만 따져서 주는 것이 아니라 하나하나 실화로 들어 보이고, 동서고금의 수많은 일화를 끌어오고, 더구나 그 자신이 살아온 지난날의 온갖 파란 많았던 체험으로 들려주고 있으니 이 얼마나 좋은 책인가. 그래서 나는 좀 신이 나서 무엇을 쓰고 싶은 생각이 들었지만 귀한 책에 쓸데없는 군더더기를 붙이는 결과가 될까 싶어 염려스럽다. 그래 여기서 박 선생님의 글에 대해 새삼스럽게 이런저런 설명을 하거나 의견을 덧붙이는 따위 부질없는 노릇은 그만두고, 우선 나대로 가지고 있는 교육에 대한 생각부터 적어 보는 것이 이 책을 읽는 분들에게 유익하겠고, 또 그렇게 하는 것이 지은이의 교육관을 제대로 이해하는 데도 도움이 되겠다 싶어 그렇게 하기로 한다.

사람이 사람답게 자라나려면 반드시 겪어야 하는 삶이 있는데, 그것은 일하기와 가난과 자연 세 가지다. 이 세 가지에 대해 내가 실제로 겪은 일을 보기로 들어 자세하게 말할 자리가 없으니 아주 간단하게 설명만 하겠다.

첫째는 일하기인데, 사람은 일을 해야 살 수 있고, 일을 해야 사람이 된다. 일을 해야 사람다운 태도를 가지게 되고 일을 해야 사람다운 생각을 하게 되고 사람다운 감정을 가지게 된다. 세상의 모든 이치도 일하는 가운데서 깨치고 찾아낸 것이 가장 올바르고 확실한 앎이다. 몸과 마음의 건강도 일하지 않고서는 얻을 수 없다. 그런데 이 일은 하고 싶어서 하는 것으로 되어야 하고, 본래부터 그렇게 되어 있다. 일이 즐거운 것이 되고, 일이 놀이가 되고 공부가 되는 까닭이 이러하다. 학교의 교육을 재미있는 놀이, 곧 일하기로 한다면 학생들이 얼마나 즐겁게 공부하겠는가? 모든 학생들의 몸과 마음이 싱싱하게 자라나게 되고, 창조하는 힘과 슬기가 한없이 뻗어나게 될 것이다. 너그러운 마음, 착하고 아름다운 마음도 저절로 지니게 될 것이다.

이렇게 해서 학교 공부를 다 마치고 사회에 나가면, 저마다 또 하고자 하는 일을 한 가지씩 찾아 그것을 열심히 즐겁게 하게 될 테니, 이래서 사람들은 평생을 행복하게 보내게 될 것이 틀림없다. 왜 그런가 하면 일하는 목표가 돈벌이나 입신출세에 있는 것이 아니고 일하는 것 자체에 있고, 일하는 것 자체가 즐겁고 재미있고 공부가 되기 때문이다.

사람의 행복은 하고 싶은 일을 열심히 즐겁게 하는 것 말고는 없다. 교육은 평생 즐겨서 할 수 있는 일을 찾아내고, 즐겁게 일하는 태도를 기르는 데 있어야 참된 교육이 된다. 정치도 모든 국민이 저마다 하고자 하는 일을 열심히 즐겁게 하도록 하면 가장 좋은 정치가 된다.

일이 즐겁고 일이 공부가 되려면 그 일이 자연 속에서 이뤄져야 한다. 자연 속에서 자연을 따라 자연의 한 부분으로 자연스럽게 살아가는 것이 가장 좋은 삶이다. 옛날부터 동양이고 서양이고 자연보다 더 큰 스승은 없었다. 자연을 배우고 자연을 따라 살면 모든 것을 얻고 모든 것이 제대로 된다. 사람은 자연으로 돌아가야 비로소 아름답고 참된 목숨을 보전할 수 있다. 반대로 자연을 배반하고 거역하면 사람은 병들고 스스로 망한다. 자연이 없는 교육은 죽음의 교육이고, 자연을 떠난 삶은 그 자체가 죽음이다.

자연 속에서 땀 흘려 일하며 산다고 하면 누구나 가난을 연상할 것이다. 그렇다. 일과 자연 말고 또 하나 중요한 것이 가난의 체험이고 가난하게 사는 것이다. 가난하게 살아야 한다고 하면 그게 무슨 소리냐고 할 사람이 더구나 요즘 세상에는 많겠지만 장관이고 대통령이고 국회의원이고 학자고 모든 사람이 내 말에 펄펄 뛰면서 미친 사람의 헛소리라 한다고 해도 나는 여전히 가난은 황금보다 더 귀하다고 말하겠다. 사람은 가난하게 살아야 사람답게 된다. 가난해야 물건을 귀하게 쓰고, 가난해야 사람다운 정을 가지게 되고, 그 정을 주고받게 된다. 먹고 입고 쓰는 것 모든 것이 넉넉해서 흥청망청 쓰기만 하면 자기밖에 모르고, 반드시 망한다. 사람이 게을러지고, 창조력이고 슬기고 생겨날 수도 없다. 무엇이든지 풍족해서 편리하게 살면 사람의 몸과 마음이 병들게 되고, 무엇보다도 자연이 다 죽어 버린다. 그러니 사람이 망하지 않고 살아가려면 반드시 불편하게, 곧 가난하게 살아가야 한다.

어렸을 때 가난을 체험하는 것은 더욱 중요하다. 그런데 이 가난은 책으로 배울 수 없다. 가난하게 살아간 사람의 이야기를 아무리 소설로 읽어도 자기 스스로 굶어 보지 않고는 굶주린 사람의 마음을 몸으로 알 수는 없다. 텔레비전으로 어떤 사람들의 가난을 보았다고 해도 그것은 남의 가난을 구경한 것밖에 안 된다.

지금까지 내가 말한 자람 되는 공부에서 반드시 거쳐야 할 세 가지 삶의 체험 -일과 자연과 가난- 이것을 오늘날 자라나는 청소년들은 어떻게 생각할까? 어른들한테야 묻지도 않겠다. 자라나는 사람들의 생각이야말로 중요하니까. "흥, 그런 교육관은 옛날 사람들이 가졌던 것이지. 21세기 이 과학 시대에 어디 그런 관점이 가당키나 한가." 이렇게 생각하는 사람이 물론 많을 것이다. 정치가 그렇고, 사회의 틀이 그렇고, 사람들이 살아가는 풍조가 그렇고, 무엇보다도 학교 교육이 그랬으니까. 그러나 이대로 가면 바로 낭떠러지다. 우리 민족은 말할 것도 없고 온 인류가 머지않아 반드시 망한다. 나는 예언자도 아니지만 사람들이 마치 죽음의 바다로 달려가는 수만 마리의 쥐 떼처럼 미쳐서 뛰어가고 있는 그 앞길이 너무나 훤하게 보인다. 그래서 어른들과는 그래도 좀 다른 우리 아이들에게 희망을 걸어 본다. 아이들은 열에 한 사람쯤, 아니면 스물에 한 사람쯤은 내 말에 공감하고 찬성할 것이라 믿기 때문이다. 가령 백에 한 사람이라도 세상을 바로 보고 옳게 살겠다는 사람이 있으면 우리는 희망을 가질 수 있다. 역사는 언제나 깨어난 이런 얼마 되지 않은 사람들이 앞장서 이끌어 왔으니까. 다시 한 번 짚어 보지만, 오늘날 우리 교육에는 일과 자연과 가난이 완전히 없어졌다. 세 가지 가운데 그 어느 한 가지만 없어도 참된 사람 교육은 될 수 없는데, 이 세 가지가 죄다 없으니 무슨 교육이 되겠는가? 지금의 교육은 이 세 가지를 싹 쓸어 없앤 자리에 살벌한 콘크리트 구조물을 세우고 그 속에 아이들을 가두어 놓고는 책만 읽고 쓰고 외우고 아귀다툼을 하게 하는 것으로 되어 있으니 무슨 수로 아이들이 그 목숨을 지키고 가꾸어 가겠는가.

우리 학생들, 청소년들은 세상을 바른 눈으로 보아야 한다. 그래서 자신들이 뭔가 아주 크게 잘못 자라나고 있다는 사실을 알아차려야 한다. 사람의 길은 여기서부터 시작되는 것이다.

박도 선생님의 글을 보니 박 선생님 자신도 가난과 일과 자연 속에서 자라났다는 것을 알 수 있다. 역시 그렇구나, 그래서 올바른 교육자가 되고, 이런 훌륭한 가르침도 쓸 수 있게 되었구나 하는 생각이 든다. 박 선생님이 이 책에서 쓰신 모든 생각과 가르침의 뿌리가 가난과 일과 자연에 있다고 나는 본다. 그러니까 내가 말한 사람 교육의 필수 조건인 이 세 가지에 공감하는 사람만이 박 선생님의 가르침을 가슴으로 몸으로 받아들일 것이라 믿는다. 이것을 좀 달리 말하면, 박 선생님의 귀한 여러 가르침들에서 그 가르침의 근원이 되어 있는 세 가지 사람 되는 조건을 잊어버리지 말고 그것을 귀하게 여겨 달라는 말이다.

끝으로 이 책과 지은이에 대해서 하고 싶은 말을 조금만 더 보탠다. 박도 선생님은 소설을 쓰시는 분이다. 보통 작가들은 글을 쓰더라도 돈이 되고 이름도 남는다고 생각하는 문학 작품을 쓰려고 하지, 이런 글은 따분한 접장 냄새가 난다고 해서 쓰고 싶어하지 않는다. 그런데 이 분은 이 시대에 어떤 글을 쓰는 것이 가장 필요한가, 교육자로 살면서 무엇을 하는 것이 나라와 겨레에 가장 크게 이바지하는 길인가 하는 문제를 생각하는 분이고, 그래서 가장 힘들여 써야 할 글, 가장 쓰고 싶어서 쓴 글이 이와 같은 교육 이야기로 되어 나왔다고 본다. 아이들에 대한 사랑 교육에 대한 열정이 글줄마다 느껴지는 이 책을 읽으면 이렇게 생각하지 않을 수 없다. 교육자로서는 말할 것도 없고 글을 쓰는 사람으로서도 참으로 올바르고 훌륭한 태도를 가진 분이라 하겠다. 지금 우리가 뭐니 뭐니 해도 아이들을 올바르게 키우는 일보다 더 큰 일이 어디 있겠는가?

또 한 가지는 이 책에서 쓴 우리말이다. 박도 선생님은 우리말을 살려 쓰는 일에서도 남달리 관심을 가지고 애쓰시는 분이라 생각된다. 물론 많은 글 가운데서 읽는 이에 따라 어떤 낱말이나 말법에 대해 의견을 달리할 수는 있겠지만, 이 책에는 오늘날 글을 쓰는 거의 모든 사람들이 예사로 쓰고 있는 지나친 일본 한자말이나 일본 말법, 괴상한 서양 말법을 쓰지 않았다. 그래서 글이 깨끗한 우리말로 쉽고 친근하게 읽힌다. 교육 이야기를 쓴 책에서 이만큼 우리말을 살려 놓은 책도 찾아내기 어려울 것이라 믿는다. 부디 이 책이 우리 시대를 괴로워하면서 어떻게 해서라도 싱싱한 목숨으로 피어나고 싶어 하는 모든 학생들, 청소년들에게 그 목숨을 살리는 귀한 샘물 노릇을 할 수 있게 되기를 바랄 뿐이다.

이오덕 (아동문학가)

길 위에서 아버지를 만나다 [큰글자도서]

초판발행 : 2010년 2월 22일
지 은 이 : 박도
발 행 처 : (주)도서출판점자
발 행 인 : 김동복
출판등록 : 2009년 2월 17일 제 25100-2009-5호
주 소 : 서울시 성동구 아차산로17길 57 일신건영휴먼테코 1203호
전 화 : 02-3426-7511
팩 스 : 02-3426-7502
전자우편 : kbraille@naver.com
홈페이지 : www.kbraille.net

ISBN 978-89-93793-74-1

잘못된 책은 바꾸어 드립니다. 값은 뒤표지에 있습니다.